Taschenbuch bibliophil

A^tV

KARL LIEBKNECHT, Rechtsanwalt, Politiker, streitbarer Sozialdemokrat und Antimilitarist, war ein liebevoller und fürsorglicher Vater. Ob auf Reisen, in der Festung Glatz inhaftiert oder als Armierungssoldat im Weltkrieg – stets teilte er die Freuden und Kümmernisse seiner Kinder Wilhelm, Robert und Vera. Er gab humorvolle Ratschläge, lobte, tröstete, forderte auch streng mehr Gehorsam und Fleiß. Ohne eigene Sorgen und Ängste zu verbergen, ermutigte er sie bis zu seiner Ermordung.

Annelies Laschitza, seit vielen Jahren ausgewiesene Liebknecht- und Luxemburg-Forscherin, hat mit ihrer Mitarbeiterin *Elke Keller* erstmals sämtliche erhalten gebliebenen Briefe und Postkarten Karl Liebknechts an die Kinder und an die Nichte Lotti zusammengestellt. Einige dieser Texte wurden von Sophie Liebknecht und Franz Pfempfert bereits 1919 publiziert. Die Dokumente, Fotos und das Vorwort dieses Bandes erhellen jene Züge einer geachteten und gehaßten Persönlichkeit, die nur nahestehenden Menschen vertraut waren, und geben Aufschluß über das von den Wirren der Zeit und von Schicksalsschlägen gezeichnete Leben der Familie Liebknecht.

Karl Liebknecht

Lebt wohl,
Ihr lieben Kerlchen!

Briefe an seine Kinder

Aufbau Taschenbuch Verlag

Herausgegeben von Annelies Laschitza und Elke Keller

Mit 17 Fotos
Mit Zeichnungen von Robert Liebknecht und dem Porträt
von Karl Liebknecht

ISBN 3-7466-0172-X

1. Auflage 1992
© Aufbau Taschenbuch Verlag Berlin
Reihengestaltung Sabine Müller, FAB Verlag, Berlin
Einbandgestaltung Sabine Müller, FAB Verlag, Berlin
unter Verwendung eines Fotos von Wilhelm, Vera und
Robert Liebknecht aus dem Jahre 1913
Satz LVD GmbH, Berlin
Druck Elsnerdruck, Berlin
Printed in Germany

Inhalt

Vorwort   9

An Wilhelm, 13. März 1906   41
An Wilhelm   41
An Wilhelm, 15. Juni 1906   41
An Wilhelm, 18. Juli 1906   41
An Wilhelm, 10. August 1906   41
An Wilhelm, 15. September 1906   42
An Wilhelm, 21. September 1906   42
An Wilhelm, 20. August 1907   42
An Wilhelm, 28. Oktober 1907   42
An Wilhelm, 2. November 1907   43
An Wilhelm, 4. November 1907   45
An Lotti, 16. November 1907   46
An Lotti, 7. Dezember 1907   46
An Lotti, 21. Dezember 1907   46
An Wilhelm, 16. März 1908   46
An Robert, 26. März 1908   48
An die Kinder, 3. April 1908   57
An Wilhelm, 19. Mai 1908   60
An Wilhelm, 21. Mai 1908   61
An Wilhelm, 26. Mai 1908   62
An Wilhelm, 30. Mai 1908   63
An Lotti, 26. Oktober 1908   65
An Lotti, 31. Dezember 1908   66
An Wilhelm, 4. Januar 1909   66
An Wilhelm, 11. Januar 1909   67
An Lotti, 20. Mai 1909   67
An Wilhelm, 5. September 1909   67
An Lotti, 2. November 1910   68
Tagebuchnotizen von Wilhelm Liebknecht aus dem
Jahre 1910   68
An Lotti, 25. November 1910   71

An Wilhelm, 10. August 1911 71

An die Kinder, 16. August 1911 72

An die Kinder, 13. September 1911 74

An die Kinder, 14. September 1911 74

An Robert, 6. September 1914 75

An Robert, 25. April 1915 75

An Wilhelm, 28. April 1915 75

An Wilhelm, 7. Juli 1915 76

An Robert, 10. Juli 1915 79

An Robert, 19. Juli 1915 80

An Robert, 30. Juli 1915 82

An Wilhelm, 12. September 1915 82

An Robert, 14. September 19125 83

An die Kinder, 21./22. September 1915 85

An Wilhelm, 26. September 1915 86

An Robert, 26. September 1915 88

An Wilhelm, 4. Oktober 1915 88

An Robert, 6. Oktober 1915 90

An Wilhelm, 13. Oktober 1915 91

An Wilhelm, 31. Oktober 1915 91

An Robert, 31. Oktober 1915 94

An die Kinder, 9. August 1916 95

An Vera, 16. September 1916 96

An Wilhelm, 1. Dezember 1916 98

An Wilhelm, 11. Februar 1917 99

An Robert, 11. Februar 1917 105

An Wilhelm, 18. März 1917 106

An Robert, 18. März 1917 111

An Vera, 18. März 1917 114

An Vera, 21. April 1917 116

An Wilhelm, 22. April 1917 117

An Wilhelm, 10. Juni 1917 119

An Robert, 10. Juni 1917 121

An Vera, 10. Juni 1917 123

An Wilhelm, 7. Juli 1917 124

An Robert, [Juli/August 1917] 126

An Wilhelm, 27. Juli 1917 127

An Vera, 27. Juli 1917 128

An Wilhelm, 31. Juli 1917   128
An Wilhelm, 2. September 1917   139
An Robert, 2. September 1917   141
An Vera, 2. September 1917   142
An Wilhelm, 8. Oktober 1917   143
An Wilhelm, 9. Dezember 1917   144
An Robert, 9. Dezember 1917   146
An Vera, 9. Dezember 1917   147
An Wilhelm, 27. Dezember 1917   147
An Robert, 27. Dezember 1917   148
An Wilhelm, [Ende Februar/Anfang März 1918] . .   149
An Robert, 1. März 1918   151
An Vera, [Anfang März 1918]   152
An Wilhelm, 10. März 1918   152
An Robert, 10. März 1918   154
An Vera, 10. März 1918   155
An Robert, 20. Mai 1918   156
An Wilhelm, 16. Juni 1918   157
An Robert, 16. Juni 1918   158
An Vera, 16. Juni 1918   161
An Vera, 7. Juli 1918   161
An Robert, 7. August 1918   162
An die Kinder, 8. September 1918   163
An Wilhelm   164
An Robert   167
An Robert   167

Anhang

Biographische Chronik   171
Anmerkungen   182
Zu dieser Ausgabe   189
Quellennachweis   190

Vorwort

Biographen und Editoren werden immer wieder gefragt: Was für ein Mensch war Karl Liebknecht? Wer waren die Kinder Karl Liebknechts, und was ist aus ihnen geworden? Wie waren die Beziehungen in der Familie? Wie konnten die wertvollen Archivalien von und über Karl Liebknecht über die Zeit des Faschismus und des 2. Weltkrieges gerettet werden?

Die erstmalige Publikation sämtlicher uns bisher zugänglich gewordener Postkarten und Briefe Karl Liebknechts an seine Kinder Wilhelm (Helmi), Robert (Bob) und Vera (Mausi) sowie an seine Nichte Charlotte (Lotti) wird dem Leser dieses Büchleins Einblick in das Liebknechtsche Familienleben geben.

Über 90 Autographen bezeugen, daß die ganze Fürsorge Karl Liebknechts für seine Kinder der festen Überzeugung entsprang, wie »gerade die Kindheit, die Jugend der Liebe bedarf – sie ist der Zaubersonnenstrahl, ohne den die Knospe sich nicht öffnet, oder wenn sie sich öffnet, farblos u. ohne Duft bleibt «[1].

Karl Liebknecht schickte in den Jahren vor 1914 Grüße aus Orten, in denen er sich aus privaten Gründen aufhielt bzw. als Rechtsanwalt, Parlamentarier oder Politiker der Sozialdemokratischen Partei tätig war. Der größte Teil wurde 1907 bis 1909 in der Festung Glatz geschrieben. Leider sind Sendungen verlorengegangen; über Briefe und Karten von Liebknechts Agitationstour durch die USA 1910 gibt es lediglich Notizen in Helmis Tagebuch.[2] Zwei Karten an die Nichte Lotti dagegen existieren noch.[3]

1915 schrieb Karl Liebknecht, so oft es die Umstände zuließen, Feldpostbriefe und -karten von der West- und Ostfront, an die er als sogenannter Armierungssoldat beordert worden war. Die meiste Post ist aus Luckau erhalten geblieben, wo er 1916 bis 1918 wegen seines mutigen Antikriegskampfes als »Vaterlandsverräter« eingekerkert worden war.

Die ersten Postkarten mit lustigen Tierbildern stammen aus den Jahren 1906/07. Auf ihnen gibt Karl Liebknecht den kleinen Kerlchen Helmi und Bob knappe spitzbübische Kommentare. Ähnliche Karten sandte Liebknecht auch an die Nichte Lotti, eine Tochter seines Bruders Theodor, mit dessen Familie Karl, Julia, Wilhelm, Robert und Vera besonders eng zusammenlebten, zumal die beiden Brüder gemeinsam ein Rechtsanwaltsbüro unterhielten. Dank der freundlichen Einwilligung von Frau Dr. Charlotte Otto können wir acht Postkarten an Lotti wiedergeben und abbilden.

Für die Briefe aus Glatz sind Pflanzen- und Tierbeschreibungen charakteristisch. Da werden Aussehen und Gepflogenheiten der Vögel bei der Brut und bei der Nahrungssuche, beim Füttern und beim Flüggewerden genau geschildert, Hähne, Hunde, Rebhühner, Füchse genau in Augenschein genommen. Zwischendurch erzählt Karl Liebknecht gleich mal eine Geschichte, die zusätzlich Interesse für die weite und bunte Natur weckt. Hin und wieder legt er einen Grashalm, ein Blatt oder eine Blüte in den Brief und doziert wie in einem Lehrbuch über die verschiedenen Arten von Klee, Farn, Disteln oder andere Gewächse. Ratschläge zum Botanisieren und zur Klebetechnik im Herbarium werden ebenfalls erteilt. »Seid alle recht artig und gut zu Mama!«, heißt es dann schließlich. »Geht fleißig spazieren. Guckt Euch die Natur, alle Pflanzen und Tiere recht genau an und habt sie lieb. Nichts zerstören!«[4] Dies waren sehnlichste Wünsche des liebevoll besorgten Vaters, dessen Humanismus tiefe Naturverbundenheit und weitherzige Aufgeschlossenheit für alle Lebewesen dieser Erde einschloß.

Der Botanische Garten wurde in den folgenden Jahren ein beliebtes Ziel für die Spaziergänge, an die sich Sophie Liebknecht später gern erinnerte. »Die beiden Jungen Helmi und Bobbi durchstreiften mit ihrem Vater den Garten, bückten sich zu den merkwürdigen Sträuchern aus fernen Ländern, studierten die fremdartigen Inschriften – ich saß inzwischen in der Nähe eines Akazienbaums auf einer Bank und ließ Vera allein oder mit anderen Kindern spielen, bis die raschen Stimmen und Schritte der ›Männer‹ mich von meinen Träumereien und Vera von ihren Sprüngen und Tänzen wachriefen.«[5]

Immer auch wollte Karl Liebknecht wissen, wie es um die Gesundheit der Kinder stand. Waren sie krank, fand er tröstende Worte: »Mein kleines Bobbelchen!« heißt es da. »Ich höre, daß Du jetzt – krank bist! Und denk nur: ich bin's auch! Wie dumm, daß wir nicht zusammen sind, sonst könnten wir uns im Bett so hübsch unterhalten u. vorlesen u. erzählen!«[6] Mit der folgenden genauen Beschreibung der Masern wollte er sowohl vom Unwohlsein ablenken als auch belehren, wie man schneller gesund werde.

Anweisungen über richtiges Verhalten und anständiges Benehmen in der Familie, in der Schule, in den Ferien und beim Spielen erteilte Karl Liebknecht häufig und streng. Vorschriften und Forderungen waren keine Seltenheit. Da wurden am 11. Februar 1917 gleich einmal beiden Jungs die Leviten gelesen, weil sie in der Schule nachlässig geworden waren. Das ständige Wiederholen von »seid artig und lieb« oder »seid fleißig und lernt tüchtig« fand gewiß nicht immer Gehör. Helmi wurde des öfteren ermahnt, reinlich und nie zu wenige oder zu viele Buchstaben zu schreiben. Diese Flüchtigkeiten seien doch ärgerlich. Er möge auch ans Pauken im Latein und ans schnelle Kopfrechnen denken. Viel lesen sei oberstes Gebot. Turnen und sportliche Freiübungen dürften gleichfalls nicht zu kurz kommen.

Besonders eindringlich wurden Liebknechts Ermahnungen, wenn die Kinder wie 1911, als ihre Mutter Julia erkrankte und Karl Liebknecht mit ihr nach Bad Ems fuhr, sich bei Verwandten oder Bekannten aufhalten sollten. Da hieß es, artig und lieb zu sein, nicht feig, aber auch nicht leichtsinnig, vorsichtig, doch nicht zimperlich. Natürlich wünschte er sie sich lustig und immer guter Dinge. Und wenn er bemerkte, daß seine vielen Ratschläge zuwenig beherzigt wurden, setzte Karl Liebknecht die väterliche Autorität ins Bild: »Vertraut, daß Eure Eltern, Mama u. Papa, stets nur das Beste für Euch wollen, u. Euch – wenn sie auch zuweilen zanken – lieber haben als sich selbst – Und daß sie auch älter u. erfahrener u. klüger sind, als Ihr. Ich vertraue auf Eure Vernunft u. auf all die guten Anlagen, die in Euch, wie in jedem gesunden Menschen stecken.«[7]

Am 22. August 1911 verstarb jedoch die Mutter Julia an den Folgen einer Gallenoperation. Diese schreckliche Nachricht war für alle unfaßbar. Keiner wollte glauben, daß Julia erst 38 Jahre alt, aus Bad Ems nie mehr zurückkehren würde. In Helmis Tagebuch blieb das Sterbedatum für Monate die einzige Notiz. Die Kinder klammerten sich fest an ihren Vater. Das Leben der Familie mußte weitergehen.

Karl Liebknechts Familiensinn und Kinderliebe wurzelten in persönlichen Erfahrungen. Immerhin hatte er ja selbst vier Brüder und zwei Halbschwestern. Gegenseitiges Vertrauen und mitfühlendes Füreinander waren ihm in Fleisch und Blut übergegangen.

»Nur charakterlose Menschen werden durch Strafe ›gebessert‹, harte Naturen verbittert, verschärft«[8], schrieb Karl Liebknecht, als er um verständnisvollen Umgang mit seinen Kindern bat. Und nicht zufällig erinnerte er in diesem Zusammenhang an Natalie, seine Mutter, die als herzensgute und sehr gebildete Frau von allen ihren Kindern und Enkelkindern innig geliebt wurde. Auch Karl Liebknecht vergaß nie, wie sie ihn jederzeit mit Rat und Tat unterstützt hatte. Seinen Kindern wünschte er ebenfalls solches Verständnis und solche Geborgenheit im Elternhaus bzw. im Kreis der Verwandten. In diesem Bestreben unterstützte ihn sein Bruder Theodor, die Seele der gemeinsamen Anwaltspraxis, vielseitig.

Die Wochenenden der Familie Liebknecht verliefen in beinahe festen Ritualen. Sie dienten der Erholung und der Bildung der Kinder. Dieses ungeschriebene Familiengesetz wurde von Wilhelm Liebknecht eingeführt, und alle fünf Söhne übernahmen es. Vor allem die Sonntagsspaziergänge durch den Grunewald erfreuten sich großer Beliebtheit. Nachdem der »Oberbefehl zum Aufbruch« auf den ältesten

Sohn Theodor übergegangen war, hatte sich auch Sophie Liebknecht den legendären Spaziergängen angeschlossen. In ihren Erinnerungen hielt sie fest: »Schon am Sonnabend pflegte die Aktivität der nun mir anvertrauten Kinder Helmi, Bobbi und Vera zu beginnen: Mutmaßungen über das zu erwartende Wetter, Versuche, das kleine runde Barometer durch Abklopfen günstig zu stimmen, Ausarbeitung der Marschpläne, Debatten über das mitzunehmende Zubehör zum Botanisieren und Schmetterlingefangen, all das war der Inhalt der kindlichen Gespräche.« Sonntags früh begannen dann meist die Verständigungsschlachten der Erwachsenen am Telefon über den Zeit- und Treffpunkt – bis man endlich im Freien war: Die »Erwachsenen mit den rasch an Kiosken zusammengekauften Sonntagsblättern schon in politische Streitgespräche verwickelt, die Kinder frei herumlaufend, scherzend, glücklich, die Erwachsenen mit allerlei Fragen bestürmend, sich in kleine Gruppen zusammenschließend, einzeln den Schmetterlingen nachjagend oder neue, unbekannte Blumen pflückend... Mein Mann und sein jüngster Bruder Kurt, beide glänzende Kenner der Flora dieser Gegend, unterhielten sich an Hand der inzwischen gepflückten Zweige und Blumen über Botanik, erklärten den größeren Kindern Struktur und Beschaffenheit der Pflanzen – und obwohl sie es sehr gern und sehr gut taten, hörten die Jungen nicht lange zu, von den lockenden Purzelbäumen, indianischen oder wer weiß was für Tänzen der aufbrechenden Schar gerufen und ihr folgend.«[9] Mit vielen anderen Wanderern fühlten sich die Liebknechts in solchen Stunden als freie Beherrscher des Waldes, atmeten die würzige Luft und erfreuten sich des reizvollen Blickes auf den Wannsee.

Familienausflüge mit Entdeckerfreuden in Wald und Flur, Gesprächsrunden über Kunst und Literatur, freundschaftlicher Verkehr mit Verwandten, Freunden und deren Familien gehörten zu den Erinnerungen und Gepflogenheiten, die Karl Liebknecht in seinen Ratschlägen an die Kinder bestärkten. Sie konnten ihn aber auch zuweilen traurig stimmen, wenn er allein in seiner Zelle einen Weihnachtsbaum vor sich hatte, andere Kinder draußen rodeln und jubilieren hörte und seine eigenen nicht bei ihm sein konnten. Da bedurfte es enormer seelischer Kraft, um an Helmi zu schreiben: »Hier wird wieder viel gerodelt: So wie Du auf dem Bild siehst. – Die Berge tief hinunter. Das saust nur so! Viele Küsse Euch allen. Papa.

Mein Baum wird jetzt auch geplündert!«[10]

Sophie Liebknecht ahnte, was ihren Mann quälte, wenn er an Weihnachten, Neujahr oder an die Geburtstage dachte. Sie zerstreute seine Befürchtungen, diese Tage könnten für die Kinder zu armselig verstreichen. Doch aus dem vollen schöpfen konnte sie nicht: »Zucker, Mehl und Zutaten fanden sich in der geizig im Schrank verschlossenen ›eisernen Ration‹. Unsere Hausgehilfin fabrizierte daraus festlich aussehende und gut schmeckende Gebilde, auf den Geburtstags- und Weihnachtstischen lagen neue Bücher, kleine Überraschungen, irgendwo aufgetriebene rote ›Äpfel‹ – kurz, die Kinder konnten gut gestimmt sein und sich ihren jungen Gästen widmen. Sie hatten mehrere gemeinsame Freunde, Freundinnen und Bekannte, die nicht nur zu den Festtagen, sondern von Zeit zu Zeit einzeln oder in kleinen Gruppen zu uns hinaufkamen, eine Tasse Tee trinken, diskutieren und musizieren, und ich hörte der Musik, den erregten Debatten, den Scherzen der Jugend gern zu, denn ich selbst hatte wenig Verkehr außerhalb der Familie – wir, die Erwachsenen saßen vor dem Weihnachtsbaum ›und sprachen wie alte Leute‹ ›wie so teuer der Kaffee und wie so rar das Geld‹, dachten an eine bessere Vergangenheit und hofften auf eine bessere Zukunft. Man schrieb dem Vater, er solle sich in seinem kalten Verließ nicht grämen – wir lebten in Wohlstand und Überfluß – damit er das glauben könne, bekam er genaue, doch verschönerte Aufzählungen des Vertilgten und Geschenkten.«[11]

Liebknechts Feldpostbriefe richteten sich bereits an ältere Schulkinder. Sie ließ er schon mehr an seinen Erlebnissen und Gedanken teilhaben. In aller Deutlichkeit schilderte er seine verteufelt bedrohliche Situation als Armierungssoldat in vorderster Frontlinie. Er prangerte die Grausamkeit des Mordens, Plünderns und Brandschatzens an und verschwieg nicht, welche Ängste ihn peinigten. Selbst werde er nie schießen und töten, versicherte Karl Liebknecht. Angesichts der von ihm charakterisierten menschenunwürdigen Bedingungen bewegten ihn die Sorgen um die Zukunft seiner Kinder weit mehr als die früheren kleinen Kümmernisse wegen des Wohlbefindens und Lernens in der familiären Geborgenheit friedlicher Zeiten. Nun, da er an der Front Tag und Nacht vom Tode bedroht war und seine Sophie, die junge Stiefmutter seiner drei sehr verschieden veranlagten und temperamentvollen Kinder, in Erziehungsprobleme verstrickt wußte, obwohl sie selbst seiner Liebe und Wärme bedurfte, vertiefte sich der Gedankenreichtum seiner Briefe. An Robert schrieb er z. B. am 14. September 1915: »Höhere Gewalten zwingen mich immer wieder aus der Familie. Habt Zutrauen zu mir u. zu Sonja u. zu Euch selbst; aber nicht zu viel zu Euch selbst in dem Sinn, daß Ihr töricht u. eingebildet werdet. Das wär ein Jammer! Gerade an sich selbst muß jeder die schärfste Kritik, den schärfsten Maßstab anlegen; sonst purzelt er von den Stelzen in die Pfützen. Arbeiten, arbeiten! Das befreit u. befriedigt allein. *Gründlich* arbeiten, nicht an der Oberfläche herumplätschern. Fleißig sein in der Schule u. immer an die besten u. größten Menschen als Muster denken; an die Menschen, die am meisten für die Menschheit geleistet haben.

Selbstzufriedenheit u. Selbstüberhebung sind ein Unglück u. machen zum Narren. Das vergeßt nicht. Selbstvertrauen heißt Vertrauen darauf, daß man als tüchtiger Kerl arbeiten will, soweit die Kräfte reichen, u. zum Höchsten streben.«[12]

Nach der Verhaftung Karl Liebknechts am 1. Mai 1916, seiner Verurteilung als »Landesverräter« und seiner Einkerkerung im Zuchthaus Luckau waren die Beziehungen zu den Kindern und zu seiner Frau wiederum schwer und anders belastet. Als seine Familie ihn das erste Mal in Luckau in der Lausitz besucht hatte, sandte er in großer Sorge um die psychischen Folgen des Erlebten sofort einen Brief nach:

»Nun seid Ihr wieder zu Haus, mit den ersten Eindrücken von meinem hiesigen Zustand. Ihr wart, und Du warst am meisten so erschrocken, mich hinter dem Gitter zu sehen - nun, ich hoffe, Ihr habt Euch beruhigt. Ihr *müßt* Euch beruhigen - Ihr *dürft*, und auch Du, mein Herz, *darfst* Dich über solch äußerliche Dinge *nicht* mehr erregen. Was ist's denn mit dem Gitter - was will es bedeuten -, was kann es uns, mir, den Kindern, Dir anhaben! So wenig wie die Anstaltskleidung, so wenig wie die Haarschur. Wir sind und bleiben wir, trotz alledem...

Ich bitte Euch, ich bitte Dich, mein armes verlassenes Vögelchen, jagt diese Eindrücke aus Eurer Erinnerung, und vergegenwärtigt Euch das Gute, was Ihr hörtet und saht. Sehe ich nicht ganz gut aus? Bin ich nicht munter, lebendig, voll Interesse nach allen Richtungen? Und beruhigt es Euch nicht, daß ich schon wieder diesen Extrabrief schreiben darf! Und daß ich heute 2 Schreibhefte, Bleistift und Gummi erhielt!

Daß ich keine Tageszeitung bekommen kann, darf Dich nicht erstaunen. Froh bin ich und mußt Du sein, daß ich eine Wochenzeitung lesen darf - nicht wahr?... Ist der Spazierhof nicht wirklich erfreulich groß und voll bester Luft und Ausblicke?...

Also Kopf hoch! Ihr habt Euch bisher so tapfer gehalten; und das war mein Stolz - nun fahrt so fort; wenn's mal schwer fällt, beißt die Zähne aufeinander - und alles geht, geht besser und rascher als man glaubt.«[13]

Die Kinder liebten und verehrten ihren Vater und waren mit ihm fest verbunden, obwohl er mit ihnen in den Kriegs- und Revolutionsjahren 1914 bis 1919 immer nur kurze Zeit zusammensein konnte. Sie spürten aus seinen Briefen, wie weit er sie in ihrem Wesen verstand und wie klug er ihre Sehnsüchte erriet. Den eigenwilligen Wilhelm stachelte er an, fliegen zu lernen - »fliegen durch die Welt des Geistes, der Gefühle, der Körper«[14] -, und dabei zu erkunden, wie sich der Drang nach Wahrheit und die Lust am Trug im Verhältnis zur Relativität alles menschlichen Wissens verhalten. Und das im Alter von 16/17 Jahren, wo sich bei

Wilhelm zur unendlichen Interessenvielfalt, aber ungeübter Konzentrationsfähigkeit aufs Wichtigste, neben einem notorischen Desinteresse an der Schule geheime Sehnsüchte nach Liebe einstellten. Wie sollte er, der ihm aufs innigste väterlicher Mentor sein wollte, Helmi vor »Irrlichtern« behüten, da er beobachtete, daß er »wie ein eben ausgekrochener Schmetterling im Wirbel eines Taifuns«[15] umherflatterte, aber noch nicht zielstrebig flog. »Niemand fordert, daß Du Außergewöhnliches leistest. Du sollst nur – u. das ist jedes Menschen Pflicht gegen sich u. die Mitmenschen – Deine Kräfte nach Kräften entfalten – das Pfund, das in Dir liegt, beharrlich u. klug nutzen.«[16] Familie und Schule seien auch für ihn die festen Standbeine. Und als ob er ahnte, daß sein Sohn sich zeitlebens für Sprachen interessieren würde, gab er den klugen Rat, Sprachen aktiv beherrschen zu lernen. Jede Sprache sei eine neue Welt für sich. »Ist die Art des Unterrichts pedantisch – Du hasts in der Hand, ihn frisch u. voll Würze zu machen!«[17] Liebknechts Sorgen um die schulischen Leistungen waren riesengroß, und er flehte Wilhelm regelrecht an, seine Pflichten zu erkennen und sich Sophie, die so seelengut sei und sich bis aufs Mark opfere, anzuvertrauen. Denn Sophie war am Verzweifeln. »Was Du von Helmi schreibst, trifft nicht den Kern«, erklärte er ihr, bevor sich beide einigten, Helmi in den Ferien zur Familie Otto Rühles nach Mulda reisen zu lassen. Helmi sei mitten im Leben, »ja, so wie Du oft warst u. stets sein kannst. Das ist nur das Äußere, Du weißt's von Dir. Das höchste Maß Aktivität nach außen ist oft nur ein hüllender Teppich über den Schrecken des Innern; eine Flucht nach außen von innen gibt's just, wie eine Flucht von außen nach innen. Und zumeist wechselt beides miteinander ab. Du urteilst oberflächlich über unsre ›starke Rasse‹ und bist über mein Verständnis für Unsagbar-Unfaßbares sehr in der Irre. Ich bin trotz alledem weit mehr Tasso als Antonio. Wer sich, zerbrochen, wieder aufrichtet, war doch auch zerbrochen; und wessen Wunden heilen, war gleichwohl verwundet; u. kann von Schlachten u. Wunden reden. Und hier handelt sich's um Helmi den ›Starken‹! Den *muß* ich

doch verstehen, grad nach Deiner Theorie. - Aber Kind -
ich bin so froh, daß er Dir *so* schrieb; ich bin sicher, Ihr
beide werdet Euch finden und dann um so fester aneinander
hängen.«[18]

Der Weg dahin war weit und für Sophie und Wilhelm
sehr steinig. Karl Liebknecht half beiden bis zuletzt, denn
es war sein sehnlichster Wunsch, daß im großen wie im
kleinen Ruhe und Frieden einziehen möge und eine glück-
liche Einigkeit in der leidgeprüften Familie herrsche. »Bedenke wohl,« schrieb er an Sophie, »meinen Kindern wird's
nicht leicht gemacht. Die Arme werden ihnen nicht geöff-
net, sondern die Fäuste geballt - von der Mehrheit des
›honorigen‹ Bürgertums: Das ist heilsam für die Kinder -
o, ich denke nicht, es zu bejammern.«[19]

Karl Liebknecht wollte die Kinder bestärken, ihren Neigungen nachzugehen, ihre Fähigkeiten zu erproben, Fertig-
keiten zu erwerben und sich dabei für Erfahrungen anderer
Menschen zu interessieren. Zeitig erkannte er Roberts Be-
sessenheit für Malen und Zeichnen und förderte sein Talent
durch zusätzliche Stunden. Interessiert animierte er ihn,
von der neuen Wohnung, ihrer Lage und Umgebung, von
Ausflügen und anderen Erlebnissen Zeichnungen und Skizzen anzufertigen, damit er sich ein Bild machen könne.

Vera, Mausi oder Mausilein, die Jüngste, lebte von allen
am unbeschwertesten. Die Verhaftung ihres Vaters schien
auf sie keinen Eindruck zu machen, berichtet Sophie Liebknecht. »Sie wuchs als fröhliches, originelles Kind auf -
äußerte sich immer kurz und sachlich - wir fuhren einmal -
mein Mann, Vera und ich in Gesellschaft Franz Mehrings
und seiner Frau mit dem Dampfer über den Wannsee (es
war wohl Mai oder Juni 14). Frau Mehring schwärmte in
begeisterten Worten von den sich hinter uns im See spie-
gelnden Lichtern - Vera blickte sich um - sagte kurz ›Ah -
die ollen Laternen‹, und blickte wieder unbeirrt und interessiert in die Richtung der Fahrt. Ich höre jetzt noch das
Auflachen der Erwachsenen«, schrieb Sophie Liebknecht in
ihren Erinnerungen an Vera Liebknecht.[20] Vera lernte gut,
spielte herrlich Klavier, radelte gern und trieb Gymnastik.

Die Briefe des Vaters an sie sind zärtlich und rührend besorgt, manchmal mit einem Hauch von Traurigkeit überzogen.

Nach Luckau ins Zuchthaus fuhr sie alle drei Monate zusammen mit Sophie und ihren Brüdern. Sie gab sich gelassen und war natürlich neugierig. «Bald merkte man aber, daß sie mehr verstand als sie sagte: und zwar außer der ›Deutschen Tageszeitung‹, die wir nach Luckau schickten, bekam mein Mann noch die Wochenausgabe des ›Berliner Tageblatts‹, die er zurückschickte, nachdem er nach einem bestimmten System auf einer bestimmten Seite bestimmte Buchstaben unterstrichen hatte. Sobald die Zeitungsbeilage zurückkam, wurde sie entziffert. Von wem? Vom 13-14jährigen Robert und besonders gut von der 11-12jährigen Vera. Sie machte es besser als alle. Ruhig und schweigsam begab sie sich in ihr Erkerchen im Schlafzimmer und blieb dort, bis sie zufrieden wieder auftauchte. Sie brachte auf einem Blatt Papier sorgfältig und genau aufgeschriebene Weisungen, Aufrufe, Flugblattentwürfe.«[21]

Neben Geldnot, Ernährungssorgen, Heizungsproblemen in bitterkalten Wintern quälten die Liebknechts die politischen Verleumdungen über Karl und die Spartakusgruppe, die Russenhetze von Nationalisten gegen Sophie und die allgemeine Zukunftsungewißheit. Die nervlichen Belastungen schwächten den Gesundheitszustand Sophie Liebknechts und der Kinder zeitweilig beträchtlich. Nächste Verwandte, vor allem Theodor und Lucie Liebknecht, halfen jederzeit liebe- und aufopferungsvoll, Rosa Luxemburg bot in wunderbaren Briefen seelischen Halt, vertraute Freunde luden die Kinder an Fest- und Ferientagen zu sich ein.

Karl Liebknecht freute und bedankte sich für die Hilfe vieler Menschen herzlich und trotziglich, denn er duldete »keinen Weltschmerz! Gerade in diesen Tagen nicht!«, schrieb er an Helmi. »Je drohender u. ernster das Geschick, um so mehr gilt's zu bestehn! – Kein Pessimismus – Stolz u. Kampf! Trotz u. Sieg! Das ist die rettende Parole in all solchen Fährnissen, inneren u. äußeren, wie sie Dich jetzt gepackt haben. – Und stets sei Dir bewußt: Du bist nicht ohne Vater, auch wenn ich im Zuchthaus bin!«[22]

Karl Liebknecht selbst bot immer wieder seine ganze Kraft auf, seine Kinder zu erheitern und zu ermutigen, ihren Körper und Geist gesundzuerhalten, sie vor den Unbilden des Lebens zu bewahren und zugleich zu ertüchtigen, sich für soziale Gerechtigkeit und gesellschaftlichen Fortschritt zu engagieren.

Sophie Liebknecht war ihm hierfür eine zuverlässige und ehrenwerte Partnerin, die mit jedem Jahr mehr zur Gefährtin seiner Kinder wurde. Sie fühlte sich in ihrer Rolle keineswegs immer wohl und war sich selbst gegenüber sehr kritisch. Ihre Erinnerungen gehören ganz einfach mit zu dem Bild von den Liebknechts, das die Briefe vermitteln: »Ich bemühte mich, den Kindern und mir ein erträgliches Leben einzurichten, versuchte alles richtig zu machen und machte vieles falsch – ich wollte nicht den Kopf verlieren und verlor ihn auch nicht, war aber oft deprimiert und unsicher – was weder mir noch der heranwachsenden Jugend gut bekam und zu nicht geringen Zusammenstößen führte. Meistens aber saßen wir, Helmi, Bobbi, Vera und ich nach dem Abendessen friedlich zusammen, ›auch uns sind Abende beschieden an des Tisches noch erhabenem Frieden, wenn das Schwere schweigt‹. Knabberten etwas Sacharingesüßtes, hatten jeder zu tun – Helmi spielte Klavier, und er spielte sehr gut, technisch klarer und sicherer als sein Vater, dem inneren Empfinden und Ausdruck nach, ihm aber erstaunlich nahekommend. Wenn er nicht Klavier spielte, war er meistens abends mit seinen umfangreichen geheimnisvollen Tagebüchern beschäftigt. Bobbi inzwischen sah sich begeistert und konzentriert Gemälde in meinen kunstgeschichtlichen Büchern an, zeichnete daraus Porträts und Skulpturengruppen verständnisvoll ab, zeichnete auch selbständig aus Phantasie. Wir begutachteten seine Arbeiten kritisch und wohlwollend und schickten sie ab und zu nach Luckau, dem Vater etwas Abwechslung und Freude zu bringen. Das Klavierspiel Bobbis aber begriff ich nicht – es war eine Art origineller, stark empfundener, melodieloser Akkorde und unsere dabei nicht in Einklang zu bringenden Empfindungen waren mehr als einmal der

Grund unseres ›gegenseitigen Mißvergnügens‹. Vera war musikalisch weit über den Durchschnitt begabt. Sie hatte sehr guten Unterricht, und ihr kindlich-übersprudelndes Spiel verstand ihre Lehrerin (die Cembalistin Frau Linde) in die richtigen Bahnen zu leiten.«[23]

Erst am 23. Oktober 1918 konnte Karl Liebknecht seine beiden Jungs wieder frei in die Arme schließen. Vera weilte zu dieser Zeit in Holland. Am frühen Morgen war im Postamt Luckau von der Staatsanwaltschaft II aus Berlin telegraphisch die Mitteilung angekommen: »Liebknecht sofort entlassen.«[24] Zusammen mit Sophie Liebknecht und Ernst Meyer holte Robert Liebknecht seinen Vater in Luckau ab. Er erinnert sich gut: »Gemeinsam fuhren wir nach Berlin, wo am Anhalter Bahnhof sich Zehntausende zum Empfang versammelt hatten. Mein Vater übergab mir den Koffer, der sämtliche im Gefängnis angefertigten Aufzeichnungen enthielt und den ich im Trubel dem nächststehenden Gepäckträger übergab. Aus dem Bahnhof herausgewirbelt merkte ich, daß ich den Koffer nicht mehr besaß. Wie von der Tarantel gebissen rannte ich zurück, und zum Glück erkannte mich der Gepäckträger sofort wieder, und ich erhielt den Koffer zurück.«[25]

Robert war auch dabei, als Karl Liebknecht am 24. Oktober 1918 in der sowjetrussischen Botschaft stürmisch begrüßt wurde. Doch schon an manchem der folgenden Tage wußte er nicht, wo sein Vater steckte, noch einmal sah er ihn, wie er vor Erschöpfung auf einem Billardtisch schlief. Wilhelm, der Ältere, war öfter als er an der Seite des Vaters unterwegs.

»In den ersten Januartagen herrschte schon eine regelrechte Pogromstimmung gegen meinen Vater«, bezeugt Robert Liebknecht. »Um uns wimmelte es von Spitzeln und Achtgroschenjungs. Überall, wo wir Freunde und Bekannte besuchten, fanden hinterher Razzien und Hausdurchsuchungen statt. Meine Mutter und ich wurden am 12. Januar 1919, einem Sonntag, von Offizieren verhaftet und unter Druck gesetzt, den Aufenthaltsort meines Vaters zu verraten. Auf dem Weg zum Armeequartier wurden wir auch ein

Stück mit der Straßenbahn transportiert, einzelne Leute, die uns erkannten, trommelten gegen die Scheiben oder bespuckten sie, es war ein beängstigender Haß, dem zur Lynchjustiz nicht mehr viel fehlte. Die Offiziere drohten einerseits und versprachen andererseits unter Offizierseid, daß meinem Vater nichts passieren würde, wenn wir seinen Aufenthaltsort verraten würden, den wir im übrigen natürlich selbst nicht wußten. In der Mordnacht vom 14. auf den 15. Januar hatte ich bei Julius Goldstein geschlafen, einer befreundeten Familie. Spät am Abend war ich noch über die Brücke am Tiergarten gelaufen und hatte in der Nähe Schüsse gehört. Ich bin mir ziemlich sicher, daß es die Todesschüsse waren, die meinen Vater trafen.«[26]

Die Erinnerung an die gräßlichen Januartage 1919 sitzt unvergeßlich tief und schmerzt ihn noch immer. Sie läßt Robert Liebknecht ernst und unablässig mahnen, daß der Mord an seinem Vater kein Zufall war, sondern die Vollstreckung eines skrupellos ausgeheckten Planes seiner ärgsten Feinde aus den herrschenden Kreisen des Wilhelminischen Kaiserreichs, denen Karl Liebknecht schon vor 1914 die patriotische Maske heruntergerissen und sofort nach Kriegsbeginn die Hauptschuld an der Entfesselung des Völkermords zugewiesen hatte. Ende November 1918 sorgte sein Freund Kurt Eisner durch die Publikationen von Dokumenten aus den Akten der bayerischen Gesandtschaft in Berlin und des Ministeriums des Äußern in München für großes Aufsehen.[27] Besonders die Berichte des bayerischen Gesandten Graf Hugo von Lerchenfeld in Wien gaben Liebknecht dokumentarische Beweise für die Richtigkeit seiner Meinung über die imperialistischen Ursachen des ersten Weltkrieges in die Hand. Robert Liebknecht war dabei, als sein Vater während einer Droschkenfahrt in Berlin in den letzten Novembertagen 1918 triumphierend zu Kurt Eisner sagte: Ich wußte, daß ich recht hatte.[28]

Die Zuchthausjahre waren, wie sein Freund Franz Pfemfert 1919 schrieb, dem unerbittlichen Ankläger als Rache auferlegt worden.[29] Die Revolutionstage ließen ihn kurzzeitig auf eine Umwälzung der gesellschaftlichen Verhältnisse hoffen. Doch sehr bald mußte Karl Liebknecht erkennen, wie ziel- und machtlos viele Menschen waren, wie rasch und stark sich die Gegner der Revolution wieder formierten und wie sehr die Tage gezählt waren für ihn, »der sein ganzes privates Wohlbefinden freudig opferte, der all seine vielartigen tiefen Neigungen zur Literatur, zur Kunst, zur Musik, zur Natur ohne Schwanken preisgab für das Eine: Befreiungsarbeit für jene, denen eine verbrecherische Gesellschaftsunordnung nur Not und Elend gibt«[30].

Die letzte handschriftliche Notiz, die der Familie blieb, war am 10. Januar 1919 geschrieben und sollte beruhigen: »Liebste! Ich hoffe, Ihr seid wohl und nicht unruhig um mich. Ihr werdet mich bald sehen und täglich Nachricht haben. Helmi war heut früh nicht zu Haus? Ich küsse Dich vielmals und umarme Dich, Liebste. Dein Karl. Küsse den Kindern. Viele Grüße allen, auch Hilma«[31], der treuen Haushälterin.

Vera war damals 12 und Robert 15 Jahre alt. Wilhelm, der 18jährige, war dem Vater in den Revolutionstagen ein so aktiver Mitstreiter geworden, daß ihn, wie Robert immer wieder hervorhebt, das Entsetzen über den schrecklichen Mord am tiefsten traf. Es blieb für ihn ein Trauma, das alljährlich in den Januartagen besonders bedrückend wirkte. Noch zehn Jahre danach beobachtete Robert Liebknecht in sorgenvoller Verbitterung: »Mit den Nerven ist seit Papas Tod unsere ganze Familie herunter, sowohl Papas als auch der damit verknüpften Unterdrückung der revolutionären Bewegung wegen und der zermürbenden raffiniert organisiert durchdachten Niederhaltung und Verelendung des deutschen Volkes, das jedoch leider infolge des politischen Wirrwarrs und der komplizierten Lage Deutschlands geringere Fortschritte in der politischen Aufklärung macht, als man erwarten sollte. – Das ist latent vorhanden und ab und zu macht es sich bei dem oder jenem bemerkbar. Auch Onkel Kurt ist sehr herunter. Sonjas stets sprungbereite Nervosität hat augenblicklich in dem kommenden Ablauf ihrer für 5 Jahre bewilligten Unterstützung neue Nahrung bekommen... Sie will sich erschießen, wenn sie ihre Unterstützung nicht weiter erhält... Ihre Lage ist jedenfalls besonders tragisch, so objektiv man die Sache auch betrachtet, schon der wirtschaftlichen Seite wegen. Die russische Revolution hat ihr ihr natürliches Vermögen und die deutsche ihren Ernährer genommen.«[32]

Robert vermochte sich einfühlsam in die Lage von Sophie Liebknecht hineinzuversetzen. Im August 1919 hatte sie ihm schon einmal anvertraut, wie aufgeregt und unglücklich sie innerlich sei, weil sie immer an Papa denken müsse und ohne ihn nur noch ein Scheinleben führen könne. Beherzt schrieb sie aber auch: »Alles, alles möchte ich noch machen, damit aus Euch etwas Richtiges wird. Das ist jetzt mein Hauptwunsch - Ihr habt ja alle drei alle Anlagen, die man braucht, nur hab ich etwas vor Euren Charakteren Angst - Ihr seid in Kleinigkeiten so furchtbar unmöglich, daß ich wirklich nicht weiß, wie sich das entwickeln wird - es ist geradezu unbegreiflich - Eure Verbohrtheit und Spießigkeit -, nun ich hoffe, es legt sich mit den Jahren«[33].

Für Robert Liebknecht wurde seine zweite Mutter, die Kunstwissenschaftlerin, eine verständnisvolle Vertraute. Sie bestärkte ihn, in künstlerischer Richtung ein Studium aufzunehmen. Sein Vater hatte ihm schon 1917 übermittelt, er sei wohl zum Porträtieren besonders veranlagt, möge sich aber ebenso im Kopieren alter Meister, im Skizzieren von Reiseeindrücken und in Phantasiezeichnungen zu Märchen üben. Robert erhielt frühzeitig Unterricht bei der Malerin Sophie Cohn, die seine 1911 verstorbene Mutter Julia liebevoll porträtiert hatte. Maßgeblich unterstützte seinen Wunsch, Maler zu werden, auch Käthe Kollwitz. Er wurde mit ihr durch seinen Freund Julius Goldstein bekannt, den Bruder seiner späteren Frau Hertha, der ihn zu musikalischen Abenden bei Käthe Kollwitz mitnahm. Von 1923 bis 1930 studierte und arbeitete Robert Liebknecht an der Kunstakademie in Dresden, wo ihn vor allem Robert Sterl förderte. Robert Liebknecht wurde Mitglied der Assoziation Revolutionärer Bildender Künstler Deutschlands. Otto Dix, Sonja und Heinrich Vogeler, Otto Nagel, Hans und Lea Grundig, Herbert Tucholski gehörten zu seinen Gefährten.[34] »Mein Studium wurde hauptsächlich durch meine Onkels mitfinanziert«, erklärt Robert Liebknecht, »daneben erhielt ich eine winzige Parteirente, die Eduard Fuchs vermittelt hatte, es langte insgesamt gerade so.«[35]

Nachdem Robert Holland, Wien und Paris gesehen hatte, zog es ihn im Jahre 1929, am Ende seiner Studienzeit, nach Moskau, wo sein Bruder seit über einem Jahr lebte. Wilhelm war in den zwanziger Jahren ruhelos umhergereist, hier und da als Kommunist im Einsatz gewesen, hatte Sprachen gelernt und verschiedene Tätigkeiten ausgeführt. Aber noch immer hatte er keine feste Anstellung und auch keinen Lebensrhythmus gefunden, der ihm ein Auskommen sicherte. Kurz vor Roberts Ankunft in Moskau schrieb Wilhelm, seine ökonomische Lage sei »faul, fauler, am faulsten«[36] er habe kein Geld, statt dessen Schulden, daher auch eine Menge Wünsche, die er auflistete. Onkel Kurt, Karl Liebknechts Bruder, der als »roter Arzt vom Wedding« bekannt war und erfolgreich praktizierte, würde gewiß finanziell erneut etwas helfen können.

Die Reisevorbereitungen erwiesen sich für beide als ein sehr kräftezehrendes Hin und Her, doch schließlich war alles – so auch die von sowjetischen Partei- und Staatsstellen zu genehmigende Mitnahme von Malutensilien – geklärt. Flehentlich schrieb Robert an Wilhelm im Mai 1929, er solle ihm helfen, 10 Graphikblätter zu verkaufen, denn er brauche dringendst finanzielle Unterstützung, und er erboste sich gegen Vorwürfe: »Dein Gespöttel über meine Furcht vor Risiko würde Dir vergehen, wenn Du meine Schulden hättest, die mir die inzwischen auf Abzahlung erfolgte Einkleidung auf den Hals gebracht hat.«[37] Robert Liebknechts Redlichkeit, mit der er als politisch aufrechter Mensch seinen Künstlerinteressen nachging, spricht aus jeder Zeile seines Briefes vom 23. Mai 1929: »Ich will nach Rußland als Maler gehen, der sich außerdem sehr für Pädagogik im allgemeinen als auch die staatliche Kunstpflege drüben insbesondere interessiert, jedoch nicht als kommunistisches Parteimitglied, das ich infolge der Unterlassungssünde, mich zu organisieren, erst so neuen Datums bin, daß ich lieber als Unorganisierter denn als *so* frisch Organisierter in Rußland weile. Ich hatte es aus den verschiedensten Gründen unterlassen, vor allem weil bei einem Hineinziehen in die Parteiarbeit bei einer so starken inneren Beteiligung mein ganzes Studium in Frage gestellt wäre und auch meine zersplitterte Kraft der Partei nichts genützt hätte. Der Sache selbst habe ich genützt, wann und wo ich konnte, auch ohne organisiert zu sein. Auch habe ich Herthas Arbeit in der Partei sehr unterstützt.«[38]

Würden in Rußland für ihn Schwierigkeiten entstehen, weil er sich nicht zeitig genug organisiert habe, wolle er lieber die Reise verschieben. So konsequent zu sein, fiel ihm gewiß nicht leicht, denn er sehnte sich nach einem Wiedersehen mit Helmi, wollte gern einmal auf der Wolga reisen, den Süden der Sowjetunion kennenlernen, neue Eindrücke sammeln, unendlich viel zeichnen und malen. Helmis Erkrankung während Roberts Aufenthalt in Moskau durchkreuzte viele Pläne der Brüder. Doch sie waren sich begegnet, hatten sich ausgesprochen und Robert war in Suchumi gewesen.

»Das Porträt von Papa ist meine nächste Arbeit«[39], schrieb er am 5. Februar 1930 an Helmi aus Berlin, wo er nach seiner Rückkehr aus Moskau zusammen mit Hertha zunächst in Neukölln und dann im Wedding Quartier bezog, sich erfolgreich um Unterrichtskurse an der Volkshochschule bemühte und als Künstler zu schaffen begann. Robert arbeitete leidenschaftlich, um seinen Vater so darzustellen, wie er ihn in Erinnerung behalten hatte. Fotos halfen ihm dabei.

So entstand ein Porträt des Vaters, das Robert Liebknecht im Atelier von Heinrich Vogeler in Britz im Auftrag eines Moskauer Kunstverlages schuf, der es ihm dann zwar abkaufen, jedoch nicht publizieren wollte. Es entsprach wohl nicht der damaligen offiziellen Kunstauffassung in der Sowjetunion. Dieser schien sich selbst der von Robert verehrte und seit 1932 in der Sowjetunion lebende Worpsweder Maler Heinrich Vogeler nicht widersetzen zu können. Vogeler schrieb am 2. Januar 1934 in ein Gutachten: »Der Kopf des Bildnisses ist gut und sehr lebendig und ähnlich; wenngleich die Form (vor allem am Kinnbacken klarer sein müßte).

Der Körper ist zu wesenlos, knochenlos heruntergestrichen, so daß der Körper durchsichtig und charakterlos erscheint, über dem ein lebenswahrer Kopf schwebt. In der vorliegenden Form ist das Bild für die Massenproduktion nicht geeignet, da es der Kritik der Massen nicht Stand hält. Die Massen fordern vom Künstler Wahrheit und Natürlichkeit der Körperform.«[40] Vom Verlag erhielt Robert Liebknecht nur lakonische Mitteilungen.

Jahrzehntelang wußte er nicht, wo sein Karl-Liebknecht-Porträt verblieben war. Es tauchte schließlich im Nachlaß seines Bruders Wilhelm auf. Nachdem es mit diesem Nachlaß in die Bestände des Zentralen Parteiarchivs in Berlin aufgenommen worden war, konnte es Robert im Oktober 1989 endlich wieder selbst anschauen. Es gefiel dem kritischen Künstler noch immer. Inzwischen war es als Leihgabe in einer Exposition in Gießen, der Geburts- und Universitätsstadt des Großvaters Wilhelm Liebknecht, zu sehen. Im Februar/März 1992 konnte es in einer Robert-Liebknecht-Ausstellung im Rathaus Wedding besichtigt werden.

Das Karl-Liebknecht-Gemälde war auch Anfang der dreißiger Jahre ein Familienereignis gewesen, hatte damals aber die alltäglichen Sorgen des jungen Künstlers nicht verringern können. Zusammen mit seiner Frau Hertha geriet er während der Weltwirtschaftskrise in arge Not. Doch sie ließen sich von der Sorge um die bloße Existenz nicht erdrücken. Fast täglich zog Robert mit dem Skizzenblock durch Siemensstadt und übte sich in Milieustudien ebenso besessen, wie er sich in seinem Schaffen von Eindrücken in Berlins wald- und seenreicher Umgebung inspirieren ließ. Festen menschlichen Halt gaben ihm sowohl seine lebenstüchtige Hertha als auch weiterhin Sophie.

Sophie Liebknecht behielt in schwierigen Situationen oftmals den klarsten Kopf und handelte mit staunenswerter Entschlossenheit. Rauh aber herzlich konnte sie sein, wenn sie aus gemeinsamer Runde mit Robert, Hertha und Vera in Berlin an Helmi nach Moskau Neujahrsgrüße sandte und ihre »überbürgerliche Meinung« verteidigte, daß man selbst Geld verdienen muß. »Ich wünsche Dir ein sehr gutes Neujahr«, heißt es da betont streng, »daß Du in Ordnung kommst, ein geregeltes Leben beginnst und dieses grauenhaft-scheinbürgerlich altmodische Bohemeleben aufgibst. Alles hat seine Zeit – mit 26 + 27 Jahren ist man eben nicht mehr Student – das ist grotesk…«[41] Doch wie klein waren persönliche Probleme dieser Art gegenüber der Dimension der drohend heraufziehenden faschistischen Gefahr.

Das Jahr 1933 schlich heran, erinnerte sich Sophie Liebknecht: »Wir hatten 1925 die Wohnung gewechselt. Wilhelm-Helmut (Helmi) hatte in Wien studiert, war viel auf Reisen und seit 1928 in Moskau. Robert war verheiratet, hatte eine sehr hübsche Wohnung mit Atelier im äußersten Norden Berlins, Vera war Ärztin und lebte glücklich verheiratet in Wien. Ich arbeitete auch an verschiedenen sowjetischen und deutschen Stellen und zog in eine kleine, das einzige Mal in meinem Leben ganz nach meinem Geschmack eingerichtete Gartenhauswohnung am Bayerischen Platz.

Alles schien sich halbwegs nach dem großen Unglück eingerenkt zu haben – schien aber nur. 1933 erkrankte in Wien die bis dahin gesunde Vera an Tuberkulose, und am Abend, als ich vom traurigen Besuch bei ihr nach Berlin zurückkehrte, brannte der Reichstag… Das unmittelbar schlimmste und drohendste war jetzt das Schicksal von Robert. Es war jedem klar, was ihn erwartete, fiele er den Nazis in die Hände. Also mußte er fort – alles wieder auflösen, Verwandte und Freunde verlassen –, weg, nur weg! Robert war, seiner Natur entsprechend, ziemlich ruhig, seine Frau aber und ich in ständigem Fieber. Geld zusammengekratzt, die einem teuer gewordenen Arbeiten, Bilder, Zeichnungen, einige hübsche Möbelstücke aus altem mütterlichem Familienbesitz irgendwo, irgendwie untergebracht und schnell in den Zug nach Paris, einer ungewissen, schweren Zukunft entgegen. Als ich das Telegramm über die Ankunft Roberts und seiner Frau in Paris bekam, empfand ich es trotz allem als eine Glücksnachricht, trotz der Ungewißheit, in die sie tauchten, trotz der Unruhe um Vera.«[42]

Für Robert und Hertha war es ein schwerer neuer Anfang. Beide meisterten ihn vereint, Robert als Maler und Graphiker und zuweilen auch als Übersetzer, Hertha als Heilgymnastiklehrerin. Und die erste Ausstellung im März 1938 in der Galerie von Jeanne Castel in Paris war nach George Besson eine unvergeßliche Premiere für Robert Liebknecht.[43] Doch Faschismus und Krieg holten beide ein, sie wurden in verschiedenen Lagern interniert und mußten in die Schweiz emigrieren. Wieder begannen sie von vorn, sie meisterten ihre schwierige Lage abermals und kehrten 1948 nach Paris zurück.

Vera erlag ihrer schweren Krankheit entsetzlich rasch. »Es gibt nichts, nichts, nichts, was darüber hinwegbringt«, schrieb Robert Ende 1934 an Helmi nach Moskau, »man muß zu der einen klaffenden, ewig klaffenden Wunde, nun noch ewig eine zweite tragen, und in jeder plötzlich stillen Stunde wird der Gedanke an Vera in unseren tiefsten Lebens- und Wesenskern wie ein glühendes spitzes Eisen hineintreiben und ohne physischen Schmerz an unsern Herzen nagen. Es ist unser Wesen, unser Blut, unser Schicksal, was Vera mit sich genommen hat... ich wollte nicht an die Möglichkeit eines solchen tragischen Ausgangs glauben... Ich war so überzeugt von Papas Kraftnatur, von Papas Lebensfreude und Willenskraft, die in ihr staken, daß ich glaubte, sie könnte in ihrer Lebenskraft doch noch Berge versetzen und Wunder verrichten... ihrer Seele Kraft, ihren goldenen Charakter, ihre Energie, ihr Trotz blieb unverändert, unberührt, bis in die letzten Minuten... Das letzte Photo ist beinahe Papa – ein kühner, reiner, überlegen lächelnder Ausdruck, als ob sie als einzige wußte, warum und wofür sie gestorben ist.«[44]

Vera Liebknecht war eine kluge junge Ärztin mit großen Zukunftsplänen, ihr Mann Max Edel vermochte viele Jahre seinen Beruf als Arzt nicht auszuüben, so erschüttert war er. Für einige Zeit ging er nach Moskau, um der inzwischen dorthin emigrierten Sophie Liebknecht und Wilhelm nahe zu sein. Doch er konnte politisch keinen Halt finden. Sein Weg führte ihn schließlich in die USA, wohin auch einige Verwandte aus Herthas Familie Goldstein ausgewandert waren, weil für sie als jüdische Bürger im faschistisch beherrschten Deutschland kein Bleiben war.

Auch Theodor Liebknecht und seine Frau, die Karl Liebknechts Kinder liebevoll umsorgt und ihre Ausbildung an Gymnasien und Universitäten großzügig unterstützten, mußten emigrieren. Sie begaben sich über die Tschechoslowakei nach Basel in die Schweiz. Die anderen Brüder Karl Liebknechts, vor allem Wilhelm und Kurt, mußten Haussuchungen und Verleumdungen über sich ergehen lassen.

Charlotte Otto, Ärztin und Tochter von Theodor Liebknecht, wurde unmittelbar nach Errichtung der faschistischen Diktatur als erste der Familie Liebknecht entlassen. In brutaler Offenheit stand am 30. März 1933 im »Hakenkreuzbanner«, einer Mannheimer Tageszeitung: »Eine Nichte Karl Liebknechts beurlaubt. Das Dienstverhältnis d. b. Krankenhaus beschäftigten Volontär-Assistentin Frau Dr. Charlotte Otto, einer Nichte des Spartakisten Karl Liebknecht, wird auf den nächstzulässigen Termin gekündigt. Die Kommissare haben verfügt, daß bis zum Ablauf des Dienstverhältnisses Frau Dr. Otto von ihren Dienstgeschäften entbunden und beurlaubt wird.«[45]

Dem Architekten Kurt Liebknecht, Sohn von Otto Liebknecht, wurde 1933 die Stellung als Regierungsbauführer der Preußischen Bau- und Finanzdirektion in Berlin gekündigt.[46]

Am 15. Januar 1936, 15 Jahre nach der Ermordung Karl Liebknechts und 3 Tage vor dem Geburtstag von Sophie Liebknecht am 18. Januar, schrieb Theodor Liebknecht aus Basel an seine Schwägerin nach Moskau: »Früher hatte ich noch immer die leise Hoffnung, die Welt würde noch bei unseren Lebzeiten wenigstens anfangen zu verstehen, wie man sie damals betrogen und welch unerhörtes Verbrechen man an ihr begangen hatte. Diese Hoffnung habe ich verloren. Statt daß Klarheit käme, wird es immer dunkler und dunkler. Und es ist sehr schwer, dabei aufrecht zu bleiben, wenn man sich, wie ich, so völlig außerhalb des Kampfes gestellt sieht... Deshalb hat es mich auch so gefreut, daß Helmi jetzt endlich eine Stellung gefunden hat, die anscheinend seinen Fähigkeiten entspricht und ihm auch in anderer Hinsicht liegt.«[47]

Den Briefwechsel zwischen Robert und Hertha in Paris und Wilhelm und Sophie in Moskau beherrschen in den 30er Jahren ernste familiäre und politische Sorgen. Am 17. September 1938 schreibt Robert äußerst beunruhigt an Sophie: »Wir haben hier aufgeregte Tage hinter und vor uns. Ganz Frankreich in Erwartung des Krieges. Desgleichen viel Sorge um unsere tschechischen Freunde. Hoffentlich gelingt den Nazis nicht auch dieser Coup.«[48] – Am 24. fügt er die bange Frage an: »Wird einem dieser neue Weltkrieg wirklich nicht erspart?«[49] Sophie möge öfter schreiben: »Bedenke, daß Ihr beiden schließlich noch die letzten nahestehenden Menschen seid, und wann werden wir uns wiedersehen?!«[50]

Jahrzehnte vergingen, bis sich die beiden Brüder und ihre Stiefmutter wieder begegnen konnten. Der zweite Weltkrieg brach tatsächlich aus, und in der Sowjetunion schlug die Diktatur Stalins auch der Familie Liebknecht schmerzliche Wunden. Sophies Bruder Adolf wurde in ein Lager deportiert und kam um, seine Frau nahm sich in ihrer Verzweiflung das Leben. Beherzt beantragte Sophie die Vormundschaft über die Kinder, nahm sie mutig aus Rostow am Don mit nach Moskau und rettete ihnen das Leben. Auch ihre Schwester Sylvia kam mit ihrem Mann, dem Mathematiker und Physiker Jascha Spielrein, um. Sophie Liebknecht wurde überwacht und hatte Kontaktverbot. Ähnlich erging es Wilhelm, der sich jedoch mutig darüber hinwegsetzte, wenn es Freunden, die Opfer Stalinscher Repressalien wurden, zu helfen galt. Er wurde daraufhin aus der KPdSU ausgeschlossen. Während des Krieges wurde er mit seiner Familie nach Usbekistan evakuiert.[51] Sophie Liebknecht durfte das erste Mal wieder 1954, anläßlich ihres 70. Geburtstages, nach Berlin reisen.[52] Auch Wilhelm und Robert konnten sich in den 50er Jahren wieder begegnen. Wilhelm zeigte großes Interesse für Karl-Liebknecht-Publikationen und bot seine Hilfe bei der Entzifferung der Handschriften seines Vaters an. Robert gab auf Anfragen exakte Auskünfte, interessierte sich gleichfalls für Publikationen von und über Karl Liebknecht und Rosa Luxemburg und gab verständnisvoll Aufschluß über Erlebnisse mit seinem Vater.

Sophie Liebknecht gebührt das Verdienst, daß sie die hier abgedruckten Briefe Karl Liebknechts an seine Kinder zusammen mit anderen Autographen und Dokumenten de facto dreimal rettete: Das erste Mal durch Publikationen unmittelbar nach dem Mord; das zweite Mal im Jahre 1933 durch Auslagerung vor dem Zugriff der Faschisten und das dritte Mal durch Übergabe des Veröffentlichungsrechtes an die Herausgeber der »Gesammelten Reden und Schriften« Karl Liebknechts in Berlin.

Unter Sophie Liebknechts Mitarbeit gab Franz Pfemfert bereits im Jahre 1919 in seinem Verlag der Wochenschrift »Die Aktion« einen Band »Briefe aus dem Felde, aus der Untersuchungshaft und aus dem Zuchthaus« heraus, in den er mehr als 20 Briefe an die Kinder aufnahm. Das Buch sollte das Bild Karl Liebknechts um jene Züge bereichern, die nur den Menschen vertraut seien, die ihm persönlich nahestanden. Private Gefühle und Hemmungen müßten zurücktreten, schrieb er, denn erst der individuelle Umgang mit »öffentlichen Menschen« könne ihren wahren Wert absolut offenbaren. Franz Pfemfert schätzte an Karl Liebknecht den unbeugsamen Revolutionär und harten Streiter, der »eine geistige und künstlerische Intensität, eine Reinheit und Wärme des Gefühls« besaß, die die Masse der Menschen nur ahnte.[53] Noch Jahrzehnte später zollte Sophie Liebknecht Franz Pfemfert ihre Hochachtung, wenn sie schrieb: »Ich weiß nicht, ob der beste, aber jedenfalls einer der besten und treuesten Freunde K. L.s waren während der Kriegs- und Revolutionszeit und auch später nach dem 15. Januar der Herausgeber der ‹Aktion› Franz Pfemfert und seine

32

Frau. Sie waren beide eigenartige, selbständig denkende, unbeugsame Menschen, schwer zu behandelnde Charaktere – doch wir kamen ganz gut miteinander aus. So kam es dazu, daß Franz Pfemfert und ich das Bändchen ›Briefe aus dem Felde, der Untersuchungshaft und dem Zuchthaus‹ in einer winzigen sofort vergriffenen Auflage herausgaben. Es fand großen Anklang, hatte eine sehr gute Presse und erschien bald außer in deutscher auch in französischer, italienischer, jiddischer, tschechischer, russischer und spanischer Sprache. – Leider wurde es von der Partei mißbilligt und niemals wieder gedruckt, denn neben Lenin wird im Buch Trotzki genannt, es werden Zweifel an der Politik der Bolschewiki ausgesprochen! Das Buch ist nirgends mehr zu haben, doch hoffe ich, daß es nicht ganz verschwindet und irgendwann wieder aufersteht.«[54]

Die französische Ausgabe ist vom Verlag Librairie de l'Humanité 1924 besonders beeindruckend gestaltet. Sie enthält ein spezielles Vorwort von Ernst Drahn über das Leben von Karl Liebknecht, das Vorwort von Georges Cogniot, das er über den Prozeß gegen Karl Liebknecht 1916 für das Buch »Das Zuchthausurteil« schrieb, und eine Artikelserie »Der rote Januar in Berlin« von Romain Rolland aus der »l'Humanité« vom 16., 17. und 18. Februar 1919.[55] Robert und Hertha Liebknecht wünschten sich, auch die vorliegende Ausgabe fände einen französischen Verleger.

Werk- und Briefausgaben und biographische Arbeiten, die Karl Liebknecht als einen »Menschenfreund edelster Gesinnung« seitdem würdigten, griffen auf diese Ausgabe zurück und veröffentlichten auch einzelne Briefe Karl Liebknechts an seine Kinder.[56]

Wenn wir heute die bisher umfangreichste Sammlung von Briefen Karl Liebknechts an Wilhelm, Robert und Vera veröffentlichen können, dann verdanken wir es vor allem der zweiten Rettungsaktion Sophie Liebknechts, bei der sie unter Einsatz ihres Lebens einen Schatz von Autographen Karl Liebknechts vor faschistischer und kriegerischer Zerstörung bewahrte. Es war im Jahre 1933:

»Ich blieb noch in Berlin«, schreibt Sophie Liebknecht in

ihren Erinnerungen, »man ließ mich in Ruhe, beschimpfte mich nur manchmal durchs Telefon – ich wartete ab –, zu Hause hatte ich mein ganzes Archiv. Wohin damit? Ich wollte mich nicht von ihm trennen.

Bekanntlich wurden aber die Zeiten schlimmer und schlimmer, ich mußte eine Lösung suchen. – Ein alter Freund und Arzt unserer Familie, der jetzt leider schon verstorbene Dr. Alfred Kling, der uns öfters besuchte und dem Andenken meines Mannes sehr treu war, schlug mir vor, das Archiv bei ihm unterzubringen: Er sei ja Arzt, hätte keine Bekannten in politischen Kreisen, hätte von den Nazis nichts zu befürchten. Ich willigte ein, bestellte einen Arbeiter, von dem ich nicht wußte, ob er hitlerfreundlich oder feindlich wäre und ob ihm der Koffer verdächtig vorkommen könnte – und er trug ihn in die Wohnung von Dr. Kling. Dr. Kling kannte das überaus komplizierte Leben in unserer Familie, die manchmal sehr gespannten Beziehungen zwischen den erwachsenen Söhnen K.L.s und mir, meine nie aufhörenden und von Mißerfolg gekrönten Bemühungen, sie (die Söhne K. L.s) zum regulären Hochschulstudium zu bewegen, kannte meine gegenüber Veras Ehemann unfreundliche Einstellung, die ich, um ihr Glück nicht zu stören, so gut verbarg wie ich konnte, kannte auch meine Müdigkeit und Unfähigkeit, etwas Rechtes zu beginnen, und versuchte, mich durch interessante Theaterabende, Ausstellungsbesuche und Spaziergänge aufzumuntern.

Er wußte, daß mit Veras Erkrankung und Roberts Emigration wieder schwere Zeiten – ›hard times‹ – gekommen waren und war froh, mir durch die Sicherstellung des Archivs geholfen zu haben.

Mitte Juni 1933 besuchten mich zwei Mitarbeiter der Sowjetbotschaft: – ich müßte wegfahren. Von deutscher Seite wäre niemand mehr da, der für mich im Notfall eintreten könnte – und auch sie könnten keine Verantwortung für mich übernehmen – sie bekämen aus Moskau flehentliche Briefe von Helmi, mich zur Abreise zu zwingen… und nun überstürzten sich an einem Tag die Ereignisse: an einem Vormittag kam unerwartet Dr. Kling: einige seiner Bekannten wären doch verhaftet, vor seinem Hause promenierte öfters ein Neugieriger - wenn ich wollte, könnte ich das Archiv bei ihm lassen - käme bei ihm aber eine Haussuchung, wäre wohl das Archiv verloren.

Auf meinen erregten Anruf kam schnell wie der Wind meine Freundin Suzanne Leonhard. Wir kannten uns seit Anfang der 20er Jahre - und so grundverschieden wir auch voneinander waren, verband uns seither eine große echte Freundschaft. Wir verstanden einander, ohne zu sprechen, und halfen einander, wo und wann wir konnten... Wir kamen zum Schluß: nur die Sow. Botschaft wäre im Stande zu helfen. Ich eilte zur Botschaft. Was es damals bedeutete, Unter den Linden, harmlos aussehend weiterzukommen, wissen nur die, die es versuchten - es war gefährlich und entsetzlich -, man ging unter siegestrunkenen, betrunkenen, johlenden Nazis...

Nun, ich kam durch und es wurde mir in der Sowjetbotschaft gesagt: es wäre ausgeschlossen, am Nachmittag einen Wagen mit einem Koffer in die Botschaft zu bringen; ich könnte am nächsten Morgen, punkt 10 Uhr mit einem Wagen vorfahren: man würde das Tor offenhalten - es müßte aber auf die Minute um 10 Uhr sein.

Als ich, eine Stunde später, Suzanne und Dr. Kling wieder traf, war mein verzweifelter, schicksalsschwerer unabänderlicher Beschluß gefaßt: der Koffer wird am Bahnhof bis zum nächsten Morgen aufgegeben. Dr. Kling sollte meinetwegen keine Gefahr laufen. Findet am Bahnhof in der Nacht eine Razzia statt, so bin ich die allein belastete. Und dabei blieb es. (Weil ich das Archiv eine Nacht lang auf dem Bahnhof habe lagern lassen, wurde ich von allen, die es später erfuhren, furchtbar beschimpft - niemand sagte mir aber, was ich hätte tun sollen.) Suzanne und ich fuhren von Dr. Klings Wohnung, wo das Archiv war, zum Bahnhof Zoo, gaben den Koffer auf. Vielleicht ist der Schofför ein Nazi und merkt, daß der Koffer schwer ist - vielleicht ist nicht der Schofför, sondern der Gepäckträger ein Nazi und ihm kommt die ganze Sache verdächtig vor? Ich kann nur sagen: wer damals nicht in Deutschland war, wird solche

Gedankengänge für verrückt halten - wer in Deutschland war, hatte genau dieselben.

Am nächsten Morgen waren wir, Suzanne und ich, um 9.30 am Bahnhof, riefen einen Wagen, dann einen Gepäckträger, gaben ihm die Quittung, er brachte den Koffer, verstaute ihn im Wagen - wir waren Punkt 10 vor der Botschaft, das Tor war offen, wir fuhren hinein, luden den Koffer ab, bezahlten den Schofför – das Archiv war gerettet. Es trat in der SU, wohin es bald darauf von der Botschaft transportiert wurde, eine merkwürdige, stumme Existenz an, in den unterirdischen Kammern der M. E. Institute vergraben, fast niemanden zugänglich. Anfang der 50er Jahre erwachte es langsam zum Leben.

Das Interessante daran war, daß, als ich Mitte 1934 auf einem großen Umweg über London von Berlin nach Moskau kam, die Dinge zunächst so aussahen, als sollte das Archiv bearbeitet werden. Im M. E. Institut wurde mir versichert, es sei Goldes wert, und Sinowjew wurde mit der Bearbeitung beauftragt. In der Nr. 34 des ‹Bolschewik› erschienen die einleitenden Worte und der Abdruck eines besonders schönen Briefs K.L.s an Clara Zetkin.«[57] Als Sophie Liebknecht nach Veras Beerdigung in Wien Ende 1934 wieder nach Moskau zurückfuhr, war Sinowjew verhaftet, »das Archiv hinter hundert Schlüsseln und Schlössern«[58].

Entsetzen packte Sophie, als sie begriff, daß sie mit den Archivalien auch die private Korrespondenz der Familie übergeben hatte. Sie ahnte nicht, daß sie jahrelang vergeblich um die Herausgabe kämpfen würde. Diesen Schmerz hat sie nie überwinden können. Ihre Erinnerungen lassen es spüren: »Wer könnte sich meine Überraschung und Verzweiflung vorstellen, als mir der Direktor des M-E.-Instituts, Adoratski, den ich in Moskau aufsuchte, um zu erfahren, wann und wo ich mein Besitztum abholen könnte, klar und unzweideutig erklärte, das Archiv gehöre mir nicht mehr - es sei von jetzt an Eigentum des Staates. Und dabei blieb es. Meine Bitten, mir wenigstens die ›Privatbriefe‹ zurückzugeben, blieben erfolglos und wurden zurückgewiesen.

Ich durfte Einsicht in die Dokumente nehmen und wurde

aufgefordert, Annotationen zu verschiedenen Schriften des Archivs zu machen.

Von den ‹Privatbriefen› mußte ich mich endgültig trennen – ich durfte nur in ihnen wie in fremden Archivpapieren nach Ausfüllung einer Lesekarte lesen. Sie kamen in einen Geheimfonds, wo sie bis heute gut aufgehoben liegen.«[59]

Anfang des Jahres 1939 richtete Sophie Liebknecht ein Ersuchen an die Führung der KPD in Moskau, gesammelte Werke Karl Liebknechts herauszugeben. Nach Notizen von Wilhelm Pieck fanden im April und Mai 1939 Beratungen über Liebknechtbücher statt.[60] Doch nichts gelangte an die Öffentlichkeit. Willy Kerff, der seit 1936 in Moskau an einer Liebknecht-Biographie gearbeitet hatte, war seit 1938 verhaftet. Mit der weiteren Arbeit an dem Manuskript wurde Erich Weinert betraut. Erscheinen konnte das Fragment erst 1967, nachdem seine Entstehungsgeschichte erhellt werden konnte und die entsprechenden Archivalien zugänglich wurden.[61]

Im Jahre 1964 sprach sich Sophie Liebknecht im Zusammenhang mit der Herausgabe der »Gesammelten Reden und Schriften«, in die einzelne Briefe an sie und die Kinder aufgenommen wurden[62], für die Veröffentlichung von Karl-Liebknecht-Briefen aus. Diese Vertrauensbasis und das verständnisvolle Übereinkommen mit Robert Liebknecht und mit Maja Liebknecht, der Tochter Wilhelm Liebknechts (Helmi), geben uns die Möglichkeit, nunmehr sämtliche Briefe Karl Liebknechts an seine Kinder im vollen Wortlaut der Öffentlichkeit zugänglich zu machen. Ihnen gilt ein besonderer Dank. Danken möchten wir auch all den Kolleginnen und Kollegen in den Archiven in Amsterdam, Berlin und Moskau, die unsere Arbeit in vielerlei Hinsicht freundlichst unterstützt haben.

Berlin, Februar 1992   Annelies Laschitza

1 Karl Liebknecht an Sophie Liebknecht, 21. Januar 1917. In: Institut für Geschichte der Arbeiterbewegung, Zentrales Parteiarchiv (IfGA-ZPA), NL 1/65.
2 Vgl. Tagebuch Helmis v. 1. 4. 1910-1912. In: Ebenda, NL 1/61.
3 Vgl. S. 68 u. S. 71 des vorliegenden Bandes.
4 S. 44 des vorliegenden Bandes.
5 Aufzeichnungen Sophie Liebknechts: Verschiedenes. In: IfGA-ZPA, NL 1/58.
6 S. 48 des vorliegenden Bandes.
7 S. 72 des vorliegenden Bandes.
8 Karl Liebknecht an Sophie Liebknecht, 27. Juli 1917. In: IfGA-ZPA, NL 1/65.
9 Karl und Rosa. Erinnerungen. Zum 100. Geburtstag von Karl Liebknecht und Rosa Luxemburg. Berlin 1971, S. 137 ff.
10 S. 67 des vorliegenden Bandes.
11 Aufzeichnungen Sophie Liebknechts, Verschiedenes. In: IfGA-ZPA, NL 1/58.
12 S. 84 des vorliegenden Bandes.
13 Karl Liebknecht an Sophie Liebknecht, 10. Januar 1917. In: IfGA-ZPA, NL 1/65.
14 S. 100 des vorliegenden Bandes.
15 Ebenda, S. 100.
16 Ebenda, S. 101.
17 Ebenda, S. 103.
18 Karl Liebknecht an Sophie Liebknecht, 26. Mai 1917. In: IfGA-ZPA, NL 1/65.
19 Karl Liebknecht an Sophie Liebknecht, 27. Juli 1917. In: Ebenda.
20 Sophie Liebknecht, Vera Liebknecht 1906-1934. In: IfGA-ZPA, NL 1/58.
21 Ebenda.
22 S. 104 f. des vorliegenden Bandes.
23 Aufzeichnungen Sophie Liebknechts, Verschiedenes. In: IfGA-ZPA, NL 1/58.
24 IfGA-ZPA, NL 1/13.
25 Über Spartakus, den Mord an Karl und Rosa und die Maximen eines Malers, Gespräch … mit Robert Liebknecht in Paris. In: Neues Deutschland, 19. Februar 1992, S. 11.
26 Ebenda.
27 Vgl. Unterdrücktes aus dem Weltkriege von Kurt Eisner, München/Wien/Zürich 1919. – Die Aktenveröffentlichung des Ministerpräsidenten Eisner und der Versailler Schuldspruch. In: Bayerische Dokumente zum Kriegsausbruch und zum Versailler Schuldspruch. Im Auftrage des Bayerischen Landtages herausge-

geben vom Abgeordneten Dr. D. Dirr, Vorsitzender und Bericht-
erstatter des zuständigen besonderen Ausschusses des Landtags.
München und Berlin 1922, S. 3 ff.

28 Die Ausführungen stützen sich auf Gespräche der Verfasserin
mit Robert Liebknecht im August und Oktober 1989.

29 Vgl. Karl Liebknecht, Briefe aus dem Felde, aus der Untersuchungshaft und aus dem Zuchthaus. Berlin-Wilmersdorf 1919,
Verlag der Wochenschrift »Die Aktion« (Franz Pfemfert hrsg.
unter Mitarbeit von Sophie Liebknecht), S. 137.

30 Ebenda, S. 136.

31 Ebenda, S. 132.

32 Robert Liebknecht an Wilhelm Liebknecht, 23. Mai 1929. In:
IfGA-ZPA, NL 269/21.

33 Sophie Liebknecht an Robert Liebknecht, 22. August 1919. In:
Ebenda, NL 1/67.

34 Vgl. Robert Liebknecht, Paris, Bilder und Zeichnungen, hrsg. v.
Zentrum für Kunstausstellungen der DDR mit einem Vorwort
über Werk und Biographie von Matthias Flügge und einer Bibliographie. Berlin 1988.

35 Über Spartakus, den Mord an Karl und Rosa und die Maximen
eines Malers…, S. 11.

36 Wilhelm Liebknecht an Robert Liebknecht, 29. September 1929.
In: IfGA-ZPA, NL 269/21.

37 Robert Liebknecht an Wilhelm Liebknecht, 23. Mai 1929. In:
Ebenda.

38 Ebenda.

39 Robert Liebknecht an Wilhelm Liebknecht, 5. Februar 1930. In:
Ebenda.

40 Heinrich Vogeler, Gutachten über das Bildnis von Karl Liebknecht, gemalt von B. L. In: Ebenda, NL 269/24.

41 Sophie Liebknecht an Wilhelm Liebknecht, 30. Dezember 1930.
In: Ebenda, NL 269/21.

42 Sophie Liebknecht: Einige Zeilen über mein Archiv und was dazu
gehört, Moskau 1959-1961. In: Ebenda, NL 1/58. Ein Exemplar
in den Händen der Verfasserin, das sie von der Autorin erhielt.

43 Pressestimmen. In: Ebenda, NL 269/18.

44 Robert Liebknecht an Wilhelm Liebknecht, ohne Datum. In:
Ebenda, NL 269/21.

45 Das Original in Besitz von Dr. med. Charlotte Otto, Berlin.

46 Kurt Liebknecht, Mein bewegtes Leben. Aufgeschrieben von
Steffi Knop, Berlin 1986, S. 46.

47 Theodor Liebknecht an Sophie Liebknecht, 15. Januar 1936. In:
IfGA-ZPA, NL 269/2.

48 Robert Liebknecht an Sophie Liebknecht, 17. September 1938. In: Ebenda, NL 269/21.

49 Ebenda.

50 Robert Liebknecht an Sophie Liebknecht, 25. Oktober 1938. In: Ebenda.

51 Die Ausführungen stützen sich auf Gespräche der mit Sophie, Wilhelm, Robert, Hertha und Maja Liebknecht und auf Hinweise im Briefwechsel der Familie, der sich im NL 269 befindet.

52 Sophie Liebknecht an Wilhelm Liebknecht, 20. Januar 1954. In: IfGA-ZPA, NL 269/19.

53 Karl Liebknecht, Briefe aus dem Felde…, S. 136.

54 Sophie Liebknecht, Einige Zeilen über mein Archiv und was dazu gehört, Moskau 1959-1961. In: IfGA-ZPA, NL 1/58.

55 Karl Liebknecht: Lettres des Front et de la Geôle 1916-1918. Traduit par Francis Treat et P. Vaillant-Couturier, Paris 1924, Librairie de l'Humanité.

56 Vgl. Karl Liebknecht – Rosa Luxemburg. Veröffentlichungen von und über Karl Liebknecht und Rosa Luxemburg in der DDR. Bibliographie. Zusammengestellt von Helga Kögler. Eingeleitet von Gabriele Schumacher. Berlin 1988. – Karl Liebknecht, Gedanke und Tat. Schriften, Reden, Briefe zur Theorie und Praxis der Politik. Herausgegeben und eingeleitet von Ossip K. Flechtheim, Frankfurt/Main 1976. – Helmut Trotnow, Karl Liebknecht. Eine politische Biographie. Köln 1980.

57 Sophie Liebknecht, Einige Zeilen über mein Archiv… In: IfGA-ZPA, NL 1/58. Sophie Liebknechts Äußerungen beziehen sich auch auf den von ihr nicht genannten Titel »Politische Aufzeichnungen aus seinem Nachlaß. Geschrieben in d. Jahren 1917-1918. Unter Mitarbeit v. Sophie Liebknecht hrsg. m. e. Vorw. u. m. Anm. vers. von Franz Pfemfert. Berlin-Wilmersdorf 1921«. Susanne Leonhard veröffentlichte ihre Erinnerungen an die Aktion unter dem Titel »Ärger mit Zitaten – Karl Liebknechts Nachlaß, o. O. o. J.« in den 60er Jahren.

58 Sophie Liebknecht, Einige Zeilen über mein Archiv…

59 Ebenda.

60 Vgl. Handschriftl. Notizen von Wilhelm Pieck über Sitzungen der deutschen Genossen in Moskau (Pieck, Florin, Ulbricht, Funk, Dengel) am 13. April 1939, 16. Mai 1939 und am 25. Mai 1939 (unter Beisein von Lindau). In: IfGA-ZPA, NL 36/496.

61 Vgl. Willy Kerff, Karl Liebknecht 1914 bis 1916. Fragment einer Biographie. Berlin 1967.

KARTE AN WILHELM

13. 3. 06

Mama   Grüße von Omama's Geburtstag!
Papa.
Großpapa
besten Gruß
Großmama Paradies
Omama Liebknecht
Onkel Thele
Tante Lu

KARTE AN WILHELM

[o.D.]

K. L.'s = »Fuchs, du hast die Gans gestohlen.«

KARTE AN WILHELM

Spandau, 15. 6. 06

Auf diesem Pferd bin ich hierher geritten. Nun ists mir
ausgerissen. Kuß Papa.

KARTE AN WILHELM

Berlin, 18. 7. 06

Das ist der Papa mit Helmi, wenn Helmi auf Papa schimpft.
Du Lump, warum schreibst Du dem armen Papa nicht? Ich
küsse Euch alle auch die Großmama u. [Thele?] Papa

KARTE AN WILHELM

Berlin, 10. 8. 06

Der Marder ist im Eisen gefangen;
Er war Mausen gegangen.
Nun wird er gehangen. War gar so schlecht –
Geschieht ihm recht.

41

KARTE AN WILHELM

N., 15. 9. 06

Ist der Maulesel nicht fein? Feiner sogar als Papa – wenigstens zum Reiten. Vielleicht bringe ich ihn morgen mit; ich
hab ihm viel von Euch erzählt. Papa küßt Euch.

KARTE AN WILHELM

B., 21. 9. 06

Pa frißt Dich!

KARTE AN WILHELM

St[uttgart], 20. 8. 07

Denke, mein Mäuschen, Pa. ist immer noch nicht fertig; er
muß noch das Protokoll bearbeiten. Erst morgen werd' ich
abreisen. Und dann sehe ich Euch auch bald. Hier ists sehr
schön – aber ich bekomme nichts zu sehen. Seid artig.
Viele Küsse Papa.

AN WILHELM

Glatz, den 28. Oktober 1907

Eben fängt's an zu regnen!

Mein lieber Helmi!
Ich schicke Dir hier ein paar Blätter und Blüten, die ich
auf den Wällen der Festung gefunden habe.

Das lange, zackige Blatt ist *Löwenzahn*; die ziemlich große
goldiggelbe Blüte ist auch vom *Löwenzahn*. Die etwas ver-
krumpelte weiße Blüte – fast wie ein Gänseblümchen – ist
wilde *Kamille*.

Die große, volle, hellgelbe, fast weiße Blüte ist eine *weiße
Skabiose*, die ich sonst noch nie gesehen habe. Du kennst
die blauen und roten Skabiosen aus dem Grunewald.

Die große rote Blüte ist *roter Klee*. Dazu liegt auch ein
Blatt bei; wenn Du das – das *dreiblätterige Kleeblatt* – von
der einen Seite genau ansiehst, findest Du in der Mitte von

jedem der drei Blätter einen blassen, weißlichen, gebogenen Streifen. Du weißt, daß die Kleeblätter manchmal auch *4* Blätter haben. Dann gelten sie als Glücksblätter. Siehst Du auch das zarte lange Blümchen mit den ganz kleinen weißen Blüten? Die Blätter daran sind auch dreiteilig. Das ist der *Mauseklee*, eine ganz kleine Kleeart.

Guck Dir das genau an; und lerne es.

Bald schicke ich Dir noch mehr hübsche Blumen, die Du kennen mußt. Ich habe sie schon hier.

Die ich Dir geschickt habe, wird Dir Fräulein aufkleben; bitte sie darum.

Denk Dir, es gibt noch Schmetterlinge hier oben! Aber ganz wenige: 2 Distelfalter, die auf der Unterseite ihrer Flügel so sehr schön sind, und einen Fuchs habe ich gesehen; der wollte in einer Ecke an meiner Tür überwintern; er saß schon ganz behaglich da und schlief – er dachte, da kommt keiner hin. Als ich aber kam, wachte er auf und flog fort! Ich hätte ihn so gern bei mir sitzen und überwintern lassen bis zum Frühjahr.

Dohlen, große schwarze Vögel, gibts hier Hunderte. Sie kreischen immerfort: Ja, Ja!

Sei artig, lerne fleißig und schreib mir jede Woche einen Brief über das, was Du gelernt hast. Aber ohne Fehler und reinlich; ganz reinlich – sonst gilt er nicht und ich schreibe Dir auch nicht.

Viele Küsse Euch allen
von Papa

An Wilhelm

[Glatz,] den 2. November 1907

Mein lieber guter Helmi-Junge!

Ich danke Dir für Deinen hübschen Brief. Der Lobstrich freut mich; Du mußt aber bald auch Lobstriche im Rechnen, Schreiben, Lesen und Anschauungsunterricht bekommen.

Im Schreiben darfst Du keine Fehler machen! Du hast mir geschrieben: »Liber Papa!« Es heißt doch: »Lieber Papa!« Nicht wahr?

Hast Du die Blumen bekommen und genau angesehen? Es gibt hier auf dem Wall, ganz oben auf der Festung, wo der Papa jeden Tag spazierengehen darf, wohl 100 verschiedne Arten von Blumen, die ich fast alle schon gesammelt habe: Freilich entdecke ich doch noch oft neue. Und wenn das Frühjahr kommt, wird es ganz neue geben. Und im Sommer auch. Denn jede Jahreszeit hat ihre besonderen Blumen. Die Blätter freilich von den meisten Blumen dauern das ganze Jahr, vom Frühling bis zum Anfang des Winters. Jetzt gibt es, weil die meisten Blumen längst abgeblüht und auch ihre Samen schon verstreut haben, nur noch ganz wenige Blüten. Aber weil es dieses Jahr so lang warm ist, haben viele Blumen gedacht, es ist schon wieder Frühling, und haben angefangen, ganz von neuem zu blühen, ganz wie im Mai.

Nun weiß ich noch ein paar schöne Geschichten von einer Lerche und von 2 Täubchen und von 200 Dohlen, die schwarz sind wie die Nacht und immer rufen: Ach ja! Ach ja!

Und von einer Stechfliege, die mich gestochen hat. Auch von zwei Hähnen, die eine halbe Stunde lang um die Wette gekräht haben, bis einer ganz heiser war.

Aber das erzähl ich Dir alles noch einmal in einem späteren Brief.

Ich lege Dir ein paar Gräser hinein: Siehst Du: Das alles ist Gras! Aber wie verschieden! Heb es auf.

Grüße und Küsse Bobbichen, Vera-Maus und Dir, mein braver Junge! Seid alle recht artig und gut zur Mama! Geht fleißig spazieren. Guckt Euch die Natur, alle Pflanzen und Tiere recht genau an u. habt sie lieb. Nichts zerstören! Sei fleißig und schreib mir!

Dein Papa

Da ist auch etwas Schafgarbe (das Weiße) u. Hirtentäschel, das die Vögel fressen! (Siehst Du die kleinen Täschchen? Gerade solche, nur größer, tragen die Hirten über die Schulter gehängt!) Beim neuen Gras ist die ganze Familie zusammen, mitsamt den Wurzelchen, mit denen das Gras ißt u. trinkt. Mit den Blättern atmet es.

Glatz, den 4. November 1907

Lieber Helmi!
Nur ein paar Worte zu Deinem Brief, für den ich Dir schön
danke: gefallen wird mit *2* l geschrieben. Die Trennstriche
mußt Du mehr *neben* die Zeile, d.h. neben den letzten
Buchstaben, nicht darunter setzen. Die Punkte gehören auf
die unterste Linie der Zeile und dürfen keine Krähenfüßchen
sein. »Diktat« wird mit dem *großen* D geschrieben, weil es
ein Hauptwort ist. Und so viel darfst Du nicht korrigieren:
9 mal hast Du korrigiert!
    Aber wenn Du Dir Mühe gibst, wird alles gut gehen;
schon gehts ja viel besser.
    Schreib mir doch mal, wie's mit dem *Rechnen* steht? Und
mit der Anschauung? Und mit der Religion – was habt Ihr
da jetzt?
    Wart Ihr gestern schön spazieren? Bist Du immer artig?
    Ich lege Dir ein kleines Farnkrautblättchen bei, das *in*
einem unbenutzten Schornstein auf meinem Dach gewachsen ist. Siehst Du die kleinen braunen Fleckchen auf der
Rückseite? Das sind die Blüten und der Samen. Dieser Samen
fällt, wenn er reif ist, hinunter und der Staub der männlichen
Blüten auch; sie treffen sich am Boden u. vermischen sich,
und dann wachsen neue kleine Farnenkräuter daraus. Bei
andern Pflanzen kommt der Staub auf den Samen, noch
während er, der Samen, in der Blüte ist. Die andere Blume
ist eine »Fette Henne«, die auf Steinen wächst. – Heb alles
gut auf. Laß es aufkleben.
                                                Viele Küsse Papa

[Neben im Original gut erhaltenen aufgeklebten Blättern:]
so muß geklebt und unterschrieben werden – auf großen
weißen Bogen. Am besten kaufst Du – es ist ganz billig –
ein Herbarium. Etwas Klebpapier leg ich bei.

[Unter ein aufgeklebtes Blatt:] Fette Henne.

KARTE AN LOTTI

Glatz, 16. 11. 07

Das ist Helmi und Bobbi! Nicht wahr? Oder ist gar Lotti dabei? Und das schmeckt fein! Freust Du Dich schon auf den Weihnachtsmann? Onkel grüßt Dich u. küßt Dich - wenn Du's erlaubst.
Allen viele Grüße Onkel Karl.

KARTE AN LOTTI

Glatz, 7. 12. 07

Mein liebstes Lottelchen! Wie gut, daß Du wieder fast gesund bist! Ich hatte solche Angst um Dich, wenn Du mich auch nicht leiden kannst!
Wer ist denn das da drüben auf dem Bild? Ist's vielleicht Lotti in Jungenshosen? Siehst Du, wie fein es Weihnachten werden wird! Ich küsse Dich Dein Onkel Karl.

KARTE AN LOTTI

Glatz, 21. 12. 07

Liebstes Lottelchen!
Denk mal, dieser feine Schneemann! Den haben wir gebaut, u. nun ist die Sonne gekommen u. da ist er ausgerissen - ganz verschwunden! Nun kann ich ihn Dir nicht zu Weihnachten schicken! Laß Dir recht viel bescheren; Du warst ja so artig! Onkel Karl grüßt Dich u. küßt das liebe gute Lottchen!
Besuch mich auch mal. Grüße an Papa u. Mama u. Ilse.

AN WILHELM

Glatz, den 16. 3. 1908

Helmimaus, mein liebster Junge!
Da soll doch der Teufel dreinschlagen! Diese verdammten Masern! Und wenn sie auch nicht gerade schlimm sind - wenn man sich ordentlich in acht nimmt aber nur! -, sie

machen doch viele Plage, weil man *ruhig*, ganz ruhig liegen bleiben muß, weil wegen der Ansteckung kein andrer, wenigstens kein andres Kind heran darf; und dann macht's der armen Mama so viel Plage, besonders wenn keine Hilfe im Hause ist; und man darf nicht in die Schule! Armes Kerlchen! Kaum bist Du die andre Erkältung los, kommt das. Du weißt doch, daß Masern eine Krankheit sind, die fast alle Kinder einmal kriegen. Auch Papa hat sie gehabt, und Onkel Thele u. Onkel Willi und alle. Weißt Du, worin sie besteht? Ganz kleine, kleine Tierchen, die dem Menschen schädlich sind, kommen ins Blut und unter die Haut. Du mußt ganz warm sein; und dunkel liegen. Man kann leicht ganz schlechte Augen und kranke Ohren bekommen, wenn man nicht ganz vorsichtig ist. Frau [...?] Fichte ist durch die Masern sehr kurz- und schwachsichtig geworden! Und das alles ist sehr unangenehm! Nicht wahr? Wenn man dann die schönen Sachen, die's in der ganzen Welt gibt, nicht mehr gut sehen und hören kann! Ich weiß ja, Du kannst sehr vernünftig sein, wenn Du willst; ich bitte Dich sehr, mein kleines Kerlchen, sei *jetzt* recht vernünftig! Nicht wahr? Damit ich, wo ich doch so weit fort bin, nicht so große Angst zu haben brauche! Und damit Mama auch nicht so große Sorgen hat.

Du wirst auch nicht lesen dürfen, glaube ich. Nun, das weißt Du ja alles; der Onkel Doktor hat Dir's ja gesagt; folge ihm nur ganz genau.

Du mußt ihm auch folgen, weil sonst leicht die andren, Bobbi u. auch Verachen, angesteckt werden können. Und Verachen ist noch zu klein, da könnte es doch leicht gefährlich werden.

Ich möchte so sehr gern wieder einmal bei Euch sein. Und gerade jetzt. Ich würde Dir viel erzählen an Deinem Bettchen. Viele Dohlengeschichten, von denen ich eine ganze Menge, sehr feine weiß. Denn die Dohlen hier schwätzen sehr gern u. plappern den ganzen Tag, bis sie am Abend in die Stadt hinunter in ihre Nester fliegen. Und da haben sie mir dann eine Masse Geschichten erzählt: von dem Dachs, der vor 5 Tagen hier im Wallgraben in der Falle gefangen ist, von dem großen Krieg mit Eulen; von dem kalten Winter, und den 6 großen Wölfen, die aus Rußland zum Schnee[berg?] gekommen sind, weil sie wegen dem Schnee gar kein Futter finden konnten: in Rußland konnten die Eisenbahnen vor Schnee 14 Tage lang nicht fahren! Die Dohlen sind, wie sie von einem Raben hörten, daß Wölfe da sind, alle zusammen eines Vormittags hierhergeflogen, u. haben sie sich angesehen u. von ihnen viel merkwürdiges gehört. Jetzt sind aber nur noch 2 Wölfe da; die andren sind geschossen; sie hatten eine Menge Schafe und Rehe u. Hasen gefressen! Es waren *sehr große* Tiere. Und dann die Geschichte von der Gans [...]

AN ROBERT

Glatz, den 26. 3. 1908

Mein kleines Bobbelchen!
Ich höre, daß Du jetzt - krank bist! Und denk nur: ich bin's auch! Wie dumm, daß wir nicht zusammen sind, sonst könnten wir uns im Bett so hübsch unterhalten u. vorlesen u. erzählen! Jetzt lieg ich aber nicht im Bett, weil ich keine Zeit hab, ich kann also gar nicht reden. Dafür singen mir die Vögel tüchtig vor, die Kanarienvögel u. die wilden Vögel, die ich ans offene Fenster gestellt habe; sie zwitschern jetzt alle im Sonnenschein. Vielleicht kann ich doch ein bißchen ausgehn? Ich wills probieren. Aber nun möcht ich doch gern wissen, wie's Dir geht! Und ob Helmi wieder *ganz* gesund ist? Und ob Verachen noch gesund ist? Und wie es Mama geht? Ob sie endlich eine ordentliche Hilfe hat?

Ich bin jetzt hier *ganz* ohne Hilfe; der Alfred hat mir am vorigen Sonntag die Arbeit einfach hingeworfen; ein wüster Bursche.

Ich lege Dir einige Federn bei. (Auch für Helmi! Für Euch beide zusammen!) Die große graue ist von einer Dohle; die kleinere, die in der Mitte grauweiß u. an den Spitzen etwas gelblich ist, gehört einer Goldammer; die anderen sind von

Robert Liebknecht, Porträt Karl Liebknecht (1930)

Karte an die Nichte Charlotte, 16. November 1907

Herzlichen Weihnachtsgruß

Karte an die Nichte Charlotte, 7. Dezember 1907

Karte an die Nichte Charlotte, 21. Dezember 1907

Karte an die Nichte Charlotte, 26. Oktober 1908

Karte an die Nichte Charlotte, 25. November 1910

53

Karte an die Nichte Charlotte, 31. Dezember 1908

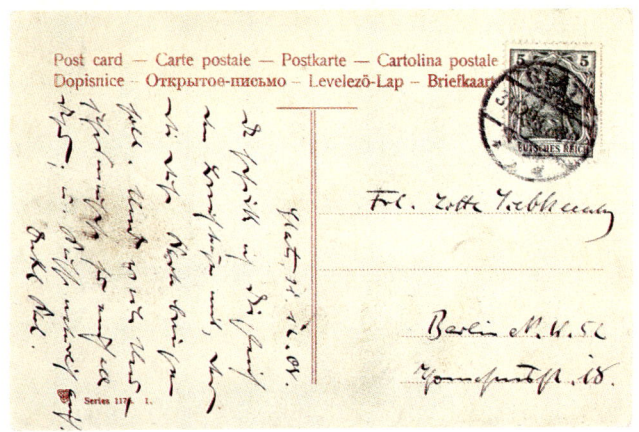

Karte an die Nichte Charlotte, 31. Dezember 1908

Karte an die Nichte Charlotte, 20. Mai 1909

Karte an die Nichte Charlotte, 2. November 1910

meinen Kanarienvögeln: die eine lange schmale ist von den *Flügeln* (eine »Schwungfeder«, weil sich der Vogel mit ihnen »schwingt« – d.h. in die Luft schwingt); die andren sind von dem *Federkleid*, das der Vogel um den Leib hat, als Schutz vor der Kälte usw.; die sind natürlich ganz anders, viel weicher u. molliger als die Schwungfeder u. von ganz anderer Form: mit denen könnte der Vogel natürlich nie fliegen. Nicht wahr?

Ich muß den Brief fortschicken. Bitte, schreibt mir doch bald mal! Und werdet alle schnell gesund, damit Ihr den Pracht-Frühling genießen könnt, der jetzt kommt!

Euch drei Babys u. Mama u. allen andern viele Grüße u. Küsse von

Papa

AN DIE KINDER

Glatz, den 3. 4. 1908

Meine lieben Kinder!
Warum höre ich gar nichts von Euch? Von Eurer Gesundheit? Und was Ihr treibt? Und von Mama? Und dem Walter? Ich weiß hier ja gar nichts mehr! Schreibt mir doch bald mal. Und bittet Mama, daß sie mir schreibt. Ich bitte Mama sehr. Und Mama soll nicht traurig sein! Ich bitte, mir auch die Adresse von Großpapa Paradies zu schreiben. Denkt, heute haben mir Marktfrauen aus Berlin eine große Kiste prachtvoller bunter Eier geschickt. Eins so groß wie der Kopf von Vera! In Watte schön verpackt! Wärt Ihr doch da u. könntet das sehen!

Ich lege ein paar Federn bei. Die eine, braun u. grau gesprenkelte, schöne ist vom Rebhuhn oder – vielleicht – von einer Eule. Ich weiß nicht genau.

Die andern sind von Dohlen.

Viele, viele Küsse Euch allen, auch Mama, u. allen andern.

Lebt recht wohl!

Papa kommt bald!

Papa!

57

Karl Liebknecht an seine Kinder, 3. April 1908

Glatz, 19. 5. 08

Liebster Helmi!

Also die kleine blaue Blume war nicht »Kriechender Günsel«,
sondern »Ehrenpreis«; ich leg Dir noch ein Pflänzchen bei;
u. das ziemlich große gefingerte Blatt war nicht Storchschnabel, sondern »Scharfer Hahnenfuß«. Storchschnabel kommt
etwas später; ist in mancher Beziehung – im Blatt – ähnlich.
Ich lege noch ein Blatt vom Scharfen Hahnenfuß bei.

Heut schick ich weiter:

1 Hirtentäschel; mit Blüte u. Blättchen u. den kleinen
Samentäscheln, von denen die Blume ihren Namen hat.

Dann vor allen Dingen ein Pflänzchen *Wiesenschaumkraut* (das ist das lange mit dem blau-weißen Blütenträub-
chen u. den feingefiederten Blättern am Stiel).

Dieses Wiesenschaumkraut wächst jetzt an den Abhängen,
wo vorher die Himmelschlüssel ihre Pracht entfaltet hatten,
die jetzt verblüht sind. Dort ist jetzt das helle Gold verschwunden u. der weiße leichte Schaum des Wiesenschaum-
krautes über alles gebreitet – wie ein leichter Hauch.

Und dann hast Du auch ein Blatt vom Breitwegerich; Du
weißt, an dem die langstieligen Blüten wachsen, die dann
das Vogelfutter geben. Die Blätter liegen ganz an den Boden
gepreßt. Diese Blume ist überall in alle Welt von den Weißen
verbreitet worden, weil ihr Samen so leicht hängen bleibt
u. sich so verschleppt, ohne daß man es will.

So wie der Spatz von den Weißen nach Amerika u. Afrika
u. Australien gebracht ist, so auch der Wegerich. Die Indianer nennen ihn daher: die »Fußstapfen der Bleichgesich-
ter« (weil er auch so auf *Wegen* wächst u. die *Form* von
Fußstapfen hat). Das ist interessant, nicht wahr?

Ich leg Dir aber auch ein Blättchen u. ein Pflänzchen mit
Stengel u. Blüte vom *Spitz*wegerich bei. Du siehst gleich,
wo er ähnlich ist, u. worin er sich unterscheidet: Seine
Blüte ist statt der langen beim Breitwegerich nur wie ein
Knopf auf einem Stengel. Der Stengel nickt aus dem Gras
hervor; sieh Dir die schönen Staubgefäße daran an, wie

kleine *Hämmerchen* am Klavier, oder die Schreibmaschine vom Onkel Thele.

Nächstens mehr.

Viele Küsse Euch allen, bes. auch Mama, die gar nicht schreibt.

Papa

Glatz, 21. 5. 08

Lieber Helmi!

Heute schicke ich Dir wieder Blumen, Dir und Bobbi. Es ist nur sehr schade, daß Du sie nicht im Freien wachsen sehen kannst; dann erst bekämst Du den richtigen klaren Eindruck. Also: Da ist zunächst ein Pflänzchen *Ehrenpreis*, mit den kleinen Blättchen, die sich immer zu zwei und zwei gegenüberstehen (»gegenständig«) und mit den 3 blauen Blütchen oben, mit den weißen Staubgefäßen, die wie kleine Glockenklöppel aussehen. Sodann ein Pflänzchen »Kriechender Günsel«, mit den am Rande gelappten, herzförmigen kleinen Blättchen, die auch »gegenständig« stehen, und bei denen jeweils 4 oder 5 kleine lilafarbige Blüten sitzen. Die Blüten sind *Lippen*blüten. Die 4, 5 u. mehr Etagen von Blüten übereinander sehen sehr schön aus; der Kriechende Günsel wächst meist in ganzen Scharen zusammen, schattig, versteckt im hohen Gras u. leuchtet gar schön aus ihm heraus.

Dann einige Kleearten, von denen es hier sehr viele gibt:

1) *Wiesenklee;* rote Blüte, sitzt ziemlich dicht auf den oberen Blättern auf; die Blätter sind ziemlich groß; manchmal haben sie hübsche weiße Zeichnung: ein großes gezeichnetes Blatt liegt bei. Dieser Klee ist der saftigste, wird auch von den Bauern angebaut in großen Feldern, als Viehfutter. Du weißt, daß in der Blüte sehr viel Honig sitzt.

2) Der *weiße Klee;* weiße Blüte, viel kleiner; auch die Blätter kleiner. Damit Du den Unterschied siehst, schick ich noch einmal eine Blüte vom *Spitzwegerich*, die, wenn die weißen Staubgefäße herumfliegen, von weitem fast so

61

aussieht wie eine noch nicht ganz aufgeblühte Blüte vom
weißen Klee. Sieh Dir den Unterschied genau an.

3) *Sichelklee;* der wächst sehr hoch, fast so hoch, wie
Du groß bist, in richtigen dicken Stengeln, von denen sich
Zweige abzweigen usw., an denen dann die Blätter sitzen;
der blüht noch nicht; ich schick nur ein Stück von der
Spitze. Die Blätter sind schon ganz anders als beim anderen
Klee: mit längeren Stielen.

4) Der *Feldklee* mit den kleinen gelben Blütchen.

Guck Dir u. guckt Euch den Unterschied recht genau an
u. hebt die Pflanzen auf. Morgen mehr!

Viele Grüße u. Küsse allen

Papa

An Wilhelm

Glatz, 26. 5. 08

Lieber Helmi!

Hier schicke ich Dir Deinen Brief zurück; ich hab ihn korrigiert; guck Dir die Korrekturen genau an u. *schick mir
ihn wieder.* In der Karte vom Sonntag ist auch ein großer
Fehler; Du schreibst: viele Küße! Das ist falsch; es heißt:
»Kü**ss**e«. Dagegen heißt es »Grü**ß**e«.

Merk Dir das.

Denk, daß bei uns 2 Rebhühner just – so zahm sind, daß
sie auf den Hof kommen, jeden Tag – um Futter für ihre
Jungen zu suchen. Alle Vögel sind dann, wenn sie Junge
füttern müssen, viel zahmer u. dreister zu den Menschen;
auch die Dohlen sind immer im Hof; u. die Schwalben sogar.
Auch Tauben, die sonst nie herkommen, besuchen uns jetzt.

Am Donnerstag/Freitag Nacht sah ich einen Kometen;
einen großen Feuerschweif (Rute) am Himmel, der sehr
lange anhielt. Ich hab schon bei den Sternwarten gemeldet.

Vielleicht ists der Haleysche Komet gewesen – der erscheint
jetzt. Vielleicht hängen die Gewitter etc. damit zusammen.

Allen viele Küsse u. Grüße

Papa

Artig sein u. fleißig sein!

Gl[atz,] 30. 5. 08

Achtung beim Aufmachen!
1 Löwenzahnsamen liegt drin!

Lieber Helmi!

Heute kriegst Du eine ganze Menge feiner Blumen. Jetzt blühen die meisten Blumen, u. es gibt schon recht tüchtig Schmetterlinge, Hummeln, Bienen, Käfer usw. Auch Maikäfer müssen schon heraus sein – weißt Du, woran ich das merke? Die Dohlen schleppen doch allerhand Futter her, für ihre Jungen u. für sich selbst: Schnecken u. Käfer usw. Heute fand ich nun mehrere Flügeldecken (diese braunen Schalen) von Maikäfern im Gras auf dem Wall. Auch manche fette Hummel muß dran glauben – man findet oftmals nur Reste von Haut, Flügeln usw. von ihnen; das Fleisch haben sich die Schwalben oder Stare oder Dohlen gutschmecken lassen. Die Dohlen u. Schwalben kreisen manchmal so hoch über dem Donjon, daß man sie kaum sehen kann; die Jungen werden nun bald flügge werden – in 3-4 Wochen denk ich. Mir gegenüber im Wald ist auch ein Krähennest; da gibts manchmal richtigen Zank, den ich bis zum Wall hören kann. Am behaglichsten machen sichs die Stare; die so groß wie Amseln sind, aber bräunlich, u. in großen schwatzenden Scharen zusammen leben – aber auch in den Starkästen. Sie verkriechen sich zusammen unter das hohe Gras u. Kraut u. duseln dort in der Wärme; da gibts auch gleich Würmer, Spinnen u. Käfer, ohne große Müh. So faul sind die Kerle da, daß man fast auf sie tritt, ohne daß sie's merken.

Ganz merkwürdig sind die Rebhühner, die ich nun schon 7 Monate lang kenne, u. die jetzt jeden Tag nach Futter auf den Hof kommen.

Hätt' ich nur mehr Zeit, wollt' ich Euch noch ein Dutzend schönster Geschichten erzählen.

Die Mücken u. kleinen Fliegen sind jetzt in Masse da; u. wenn sie im Schwarm hin- u. herzucken, sieht's grad aus wie ein schwarzer Schleier – jeder wird für das Auge zu einem *Strich*, zu einem Faden. So groß wie die Mücken sahen die Dohlen u. Schwalben aus, als sie so hoch flogen.

Hier wachsen ungeheuer große Disteln; eine ist so groß u. breit wie ein tüchtiger Weihnachtsbaum. Wenn Ihr rechtzeitig herkommt, vor der 1. Heumahd (Heuernte), könnt Ihr das alles noch sehen. Die 1. Mahd ist bei mir bald nach Pfingsten. Die darf nicht so früh sein – erst muß alles abgeblüht haben, so daß der Samen schon abgefallen ist u. im nächsten Frühling, oder auch gleich, wieder keimen u. wachsen kann; mäht man zu früh, so gibts nächstes Jahr keine Blumen! Verstehst Du das?

Am allerschönsten sind jetzt die vielen Tausende von Löwenzahn-Köpfchen: Sie haben jetzt fast alle abgeblüht u. sind reif, u. auf jedem Stengel sitzt ein kleiner reizender Ballon, wie aus Silberdraht gewebt, in der Mittagssonne scheint's wie lauter prachtvolle runde Seifenblasen, die die kleinen Blumenelfen in die Luft hineinblasen. Du weißt doch, daß diese Seifenblasen aus vielen hundert Fallschirmen bestehen, an denen unten die Samenkörnchen hängen. Wenn Du hineinbläst, fliegen sie alle in die Luft, das weißt Du u. hast das doch auch schon probiert. Wenn nun der Wind aus vollen Backen bläst, wie eben jetzt, dann wirbeln all die zierlichen Fallschirmchen mit ihrer kleinen Last in die Luft u. werden meilenweit fortgetragen. Darum ist der Löwenzahn überall so sehr verbreitet. Weil er aber, gerade wie der Wegerich u. die Pferdedistel, ein ganz gutes Futter bildet, so wird der kleine goldige Eindringling ganz gern gesehen. Durch mein Zimmer fliegen die Fallschirmchen in Massen; eins ist mir gerade auf dieses Papier gepurzelt; <sie> [es] will gewiß zu Euch, u. ich schick <sie> [es] mit. Guckt <sie> [es] Euch also auch ganz genau an u. steckt <sie> [es] in Erde; aber nur ganz oberflächlich u. etwas feucht. Die Löwenzahnblumen werden so riesengroß zuweilen! Ich wollte eine mit der Wurzel ausgraben, um sie an den botanischen Garten nach Breslau zu schicken (wegen Mißbildung); anderthalb mal so tief, wie meine Hand lang ist, hab ich gewühlt; da hatte ich aber kaum die Hälfte der Rübe.

Aber nun die Pflanzen:
Ich hab auf jedes Couvert geschrieben, was drin ist.
Heb alles gehörig auf; u. sieh Dirs ganz genau an. Wenn ich Dich u. Bobbi wiederseh', müßt' Ihr sie alle genau kennen. Sprecht mit Mama recht schnell, ob ihr zu Pfingsten herkommen wollt u. könnt; auch mit Klein-Vera.
Ich grüße u. küsse Euch alle vielmals

Papa

Am besten hebst Du die Couverts gleich auf, damit Du immer wieder nachlesen kannst.

[Auf beigefügten Couverts:]

1 Blatt von der *Schafgarbe* (das feingefiederte); Du weißt, daß später die großen weißlichen Blütendolden kommen.

Ein paar verschlungene Stengel der *Winde*; so stützen sich diese Stengel gegenseitig, bis jeder etwas andres findet, woran er sich hochwinden kann. Sie tragen im Sommer große weiße u. rötliche Blütenbecher. Weil sie sich winden, heißen sie Winden.

1 Blüte *Ochsenzungen* (die *größere*). Die Pflanze wird hier bis 1 Meter groß! Wenn Du das Blatt angreifst, fühlst Du, wie *rauh* es ist; deshalb heißt die Pflanze Ochsenzunge; Die Ochsen u. Kühe haben nämlich ganz rauhe Zungen. Die *trichter*förmigen Blüten sind anfangs rötlich; dann werden sie erst blau.

1 Blüte *Gundermann* (die kleinere). Der Gundermann wird nur handbreit hoch; seine Blüten sind *Lippen*blüten, guck sie genau an: Die »Unterlippe« ist etwas kurz; die »Oberlippe« hochaufgebogen, der »Mund« offen.

KARTE AN LOTTI

Glatz, 26. 10. 08

Siehst Du, Lottichen, die beiden Gackgack-Gänse; u. die Quack-Quackfrösche, die ihnen in den Mund springen. Ist Dir auch schon mal einer in den Mund gesprungen? Und

die Gänse lachen vergnügt dabei und mögen doch auch
die Frösche gar nicht essen. Es müßten Störche sein! Die
fangen Frösche. Hier war viel Schnee. Es küßt Dich sehr
Dein Onkel Karl, der Eingesperrte!

KARTE AN LOTTI

Glatz, 31. 12. 08

Da schicke ich Dir gleich den Briefträger mit, der Dir diese
Karte bringen soll. Und viele Neujahrswünsche für Euch
alle dazu; u. Küsse natürlich auch. Onkel Karl.

AN WILHELM

Glatz, den 4. 1. 1909

Mein liebstes Helmimäuschen!
Ich schicke Dir hier ein paar hübsche Zeitungsgeschich-
ten; lies sie mal durch u. erzähl' mir dann, wie sie Dir
gefallen.

Schreib aber nie Buchstaben zu wenig oder zu viel. Du
läßt sehr oft welche aus, u. manchmal schreibst Du zu
viele. Das darf nicht vorkommen.

Das Buch von Tieren und Menschen ist *noch zu früh
für Dich*; in 2–3 Jahren geht das vielleicht.

In den Büchern, die ich Mama geschickt hab, sind sehr
feine Sachen. Lies einmal besonders 1) die Geschichte vom
Zottelohr (dem Häschen)

2) die Geschichte von den Blaumeisen.

Nun ist Weihnachten vorbei u. das neue Jahr da. Und so
gehts immer »Hussa« weiter. Hier ists seit heute wieder
wärmer. Alle Kinder »rodeln« auf kleinen Schlitten die Berge
hinunter.

Viele Küsse Euch allen

Papa

KARTE AN WILHELM

Glatz, den 11. Januar 1909

Mein liebes Helmichen!
Ich danke Dir schön für Deine Nachrichten. Aber ich bitte
Dich sehr, gib Dir doch im Schreiben mehr Mühe. Es sieht
wirklich nicht hübsch aus, wenn so gekrakelt u. korrigiert
und kreuz u. quer geschrieben ist. Es heißt auch nicht: »In
Rechen«, sondern: »Im Rechnen«. Also gib Dir doch etwas
Mühe.

Hier wird wieder viel gerodelt: So wie Du auf dem Bild
siehst. - Die Berge tief hinunter. Das saust nur so!

Viele Küsse Euch allen.

Papa

[Auf der Vorderseite der Ansichtskarte:]
Mein Baum wird jetzt auch geplündert!

KARTE AN LOTTI

Glatz, 20. Mai 1909

Mein liebstes Lottelchen! Morgen wirst Du nun hundert
Jahre alt, oder wohl 5? oder gar erst 4? Ich weiß wirklich
nicht. Das ist ja auch ganz gleich. Wenns nur viel beschert
gibt u. lustige Gesellschaft. Und Lotty ist ja so brav u. lieb,
daß es daran nicht fehlen kann. Und weil auch der Onkel
Karl im Glatzer Käfig sie so lieb hat, schickt er ihr die
allerschönsten Geburtstagsgrüße u. Wünsche u. Küsse. Bald
komme ich nun selbst ganz wieder zu Euch. Grüße auch
alle andern Onkel Karl.

KARTE AN WILHELM

Am Schmachtersee
5. 9. 09

Meine Maus! Hier hast Du als ganz ganz kleines Kerlchen
gespielt u. laufen gelernt. Weißt Du noch? Morgen bin ich
bei Euch!

Viele viele Küsse Dir u.
Bobb u. Vera.

Papa

KARTE AN LOTTI

So sehen die Indianer-Mamas aus. Onkel Karl sitzt an einem
schönen Fluß u. wartet auf den Zug nach der Indianerstadt.
$3^1/2$ Stunden Verspätung! Die Versammlung muß statt um
8 erst um 10 anfangen. Ich grüße Euch alle u. küsse Dich
u. Ilselein Onkel Karl.

TAGEBUCHNOTIZEN VON WILHELM (HELMI) LIEBKNECHT
AUS DEM JAHRE 1910

Sonntag, 13. 11. 1910
Morgens. In Bibliotheksbuch gelesen. – Vm. [Vormittag]
gewürfelt. – Vm. und Abend. In Unsere Vorzeit [sic!] gelesen.
– Nm. [Nachmittag] Zu Omama und Opapa Paradies gegan-
gen. Hohenstaufenstr. 45 Berlin. Bei ihnen Mittag gegessen. –
Nm. Bei Opapa und Omama gespielt. Dame [sic!], Wolf und
Fuchs, Mühle, Grammophon. – Ein Buch von Nordamerika
angesehn. – Von Opapa jeder 10 Pf. gekriegt und (ein Buch)
Der neue Reichstag von Joseph Kürschner 1893–1903. –

Montag, 14. 11. 1910
Vm. Schule. – Religion. – Turnen. Freiübungen. – Leiter. –
Latein esse Präsens, Imperfektum und Futurum I. Indikativ
und Konjunktiv. – Lat. St. 50 mündlich übersetzt – Rechnen
dasselbe wie Sonnabend. – Erdkunde. Sibirien. – – – – –
   Vm. In Märchen aller Völker gelesen. – Vm. 1 Karte von
Papa aus Amerika geschickt bekommen. Ein Indianerhäuptling. – Nm. Mit Herrn Jaffe nach A. Wertheim gegangen. – Abend. Onkel Kurt Liebknecht uns 1 Kokosnuß
mitgebracht.

Dienstag, 15. 11. 1910
Vm. Schule – Schreiben. Hexe – Nummer. – Turnen. Freiübungen. – Naturkunde, Fledermaus, Maulwurf, Eichhörn-
chen. – Latein. Lat. St. 51 mündlich übersetzt – Vokabeln

Tagebuchnotizen von Wilhelm (Helmi) Liebknecht
aus dem Jahre 1910

von esse. – esse Präsens, Imperfektum, Futurum I. – Latein. Lat. St. 51 mündlich übersetzt – Komparation der Adjektiva. – Für 5 Pf. Tierschutzkalender 1911 bekommen. – – – – – Für 10 Pf. Abziehbilder Seetiere Nr. 15 gekauft. – Nm. Klavierstunde gehabt – Nm. In Bibliotheksbuch und Schatzkästlein für die Jugend gelesen. – Abend Brief an Papa geschrieben. – Er lautet.

Berlin. Dienstag den 15ten November 1910. Lieber Papa! Wie geht es Dir? Ich denke oft an Dich und freue mich, daß Du bald nach Hause kommst. Wir danken Dir vielmals für die schönen Karten die Du uns geschickt hast. Wir sind alle gesund! Dienstag, Freitag und Sonntag kommt unser Hauslehrer namens Herr Jaffe nicht zu uns. Herr Jaffe ist sehr nett und liebenswürdig. Wenn wir artig sind kriegen wir von ihm öfters Bonbons. Seit Deiner Abwesenheit sind zwei neue Fräuleins und dieselbe Köchin zu uns gekommen. Das jetzige Fräulein ist die Nichte von Herrn Hatzschold der Dir bekannt ist. Jetzt ist es 9 Uhr ich muß jetzt ins Bett. Gute Nacht. Viele Grüße und Küsse Dein Helmi, Vera und Bobbi. – –

Mittwoch, 23. 11. 1910
Vm. Schule. Religion. Dies ist der Tag. – V.S. 115-121 gelesen. – Turnen, Freiübungen. – Rechnen Großes 1x1 schriftlich. z. B. 17 l Wein kosten 1888 Pf. wieviel kosten 3 l? – Latein. Vokabeln 3. Deklination. – Latein. esse. – Komposita von esse. – Vm. von Papa 3 Karten bekommen. Vera Indianerbaby, Bobb Indianer im Auto. Ich Indianerhäuptling. – Nm. In Jules Vernes Werke Entdeckung der Erde 2. Band gelesen. – Abend. Zeppelin gespielt. – Abend. Zitatenquartett gespielt. – Abend. Gewürfelt. –

Mittwoch. 7. 12. 1910
Morgens. Im neuen deutschen Jugendfreund gelesen. Von Papa 3 Karten bekommen. Meine Eine Alligatorfarm in Kalifornien, Veras Ein Alligator vor einen Wagen gespannt, Bobb eine Tomatenpflanzung. – Vm. Nicht in die Schule gegangen. – Vm. In Bibliotheksbuch gelesen. – Vm. Papa

von Nordamerika in Berlin angekommen. - Er ist am 30.
11. 1910 von New York mit dem englischen Schiff »Mau-
retania« nach Berlin abgefahren. - Vm. Von Papa Karten
bekommen meine 1. Log Book R.M.S. Mauretania. 2. Kunard
R.M.S. Lusitania and Mauretania. 3. 7094 Suspended in the
Stopes of a Gold Mine. 4. 10547. In The Land of King
Cotton Picking + Bobbs 1. und 2. dieselben wie ich. 3.
Sugar Cane Field and mill Got a Dollar? - - - - Pit in Texas.
Veras 1. 3450. Cupid on the War-Path. - Vm. Bobb, Vera,
Frl. Elisabeth Halbing in Tiergarten gegangen. Vm. Für 10
Pf. Unterseeboote und Torpedofahrzeuge No 289 gekauft.
Ein Verzeichnis der Miniaturbibliothek zubekommen. - Papa
erzählt uns öfters seine Erlebnisse. - Abend. Zeppelin und
Thidalle Winks gespielt. -

KARTE AN LOTTI
New Orleans-Baltimore, 25. 11. 10

So fahren hier die kleinen Mädchen spazieren. Und die
bösen Krokodile sind ganz artig, wenn so ein kleines liebes
Mädchen sie lenkt. Bald hätte ich so einen Wagen mitgebracht - aber er ist so schwer. Nun bin ich bald zurück.
Ich küsse Dich u. Euch alle Onkel Karl.

AN WILHELM
Karlsruhe, 10. 8. 11

Mein Helmichen!
Es ist das erste Mal, daß Ihr beiden allein hinauszieht in
die Welt, nicht so ganz allein, wie Hänsel u. Gretel waren,
denn es sind ja Menschen um Euch, die es so gut mit Euch
meinen, wie nur eben möglich, u. zu denen Ihr artig u.
lieb sein müßt, wie Ihrs *könnt*, wenn Ihrs auch manchmal
nicht seid. Nun also: es ist keine gefährliche, sondern eine
feine Sache für Euch. Und doch müßt Ihr Euch bewähren
u. *dürft mir keine Unehre machen*; müßt *tapfer* sein u.

vor allem *nie* Anlaß geben zu sagen: der ist feig. Das ist das Schlimmste.

Dann aber kommt sofort der Neid u. die Mißgunst. Glaubt mir, wenn Ihr Euch oder gar andren vorrechnen würdet, *wer mehr oder weniger hat*, wie Ihrs zu Hause oft tut, es wäre eine große Schmach für mich u. für Euch. Und auch *keine Mäkelei* – nicht am Essen, noch sonst. Drauflos schnabulieren bis zum Genudeltsein u. alles ohne langes Besinnen hinunterschlucken, das ist die Art, die einem bei Jungens gefällt.

Und seid lustig u. guter Dinge; nicht pimperlich, wenn auch vorsichtig.

Vertraut, daß Eure Eltern, Mama u. Papa, stets nur das Beste für Euch wollen, u. Euch – wenn sie auch zuweilen zanken – lieber haben als sich selbst –

Und daß sie auch älter u. erfahrener u. klüger sind, als Ihr.

Ich vertraue auf Eure Vernunft u. auf all die guten Anlagen, die in Euch, wie in jedem gesunden Menschen stecken. Wir schreiben immer u. Ihr auch – jeden Tag (Hotel Metropol – Ems). Am Sonntag komme ich wohl.

Seid brav – auch gegen Fräulein, der Ihr unbedingt zu gehorchen habt.

Ich küsse Dich, mein Helmi, u. Bobbi u. Vera u. grüße Fräulein Kopfs usw., (auch Julie) bestens.

Dein u. Euer Papa

AN DIE KINDER

Bad Ems, den 16. 8. 11

Meine guten Jungen!
Ich sitze hier bei Mama, der es ziemlich gut geht, die aber noch einige Tage zu Bett liegen muß. Da nun Wunderlichs und Tante Guste fort sind, muß ich natürlich hierbleiben; u. werde Euch wohl nicht abholen können; Ihr werdet in Stuttgart mit Frl. zusammentreffen u. so nach Berlin fahren, daß Ihr am Sonnabend oder Sonntag dort seid. Mit dem Rektor hab ich alles geordnet.

Helmichen soll auch arbeiten. Latein tüchtig pauken u. beim Rechnen dran denken: Einen Bruch dividieren macht man so: Man dividiert den Zähler oder man multipliziert den Nenner.

5 = Zähler

8 = Nenner

Je kleiner der Zähler *oder* je größer der Nenner, um so kleiner der Wert. Je größer der Zähler **oder** je kleiner der Nenner, um so größer der Wert.

Also: $\dfrac{4}{8} : 2 \left(\text{oder: } \dfrac{1}{2} \text{ von } \dfrac{4}{8}\right)$

ist: $\dfrac{4 : 2}{8} = \dfrac{2}{8}$

oder: $\dfrac{4}{8 \cdot 2} = \dfrac{4}{16} = \dfrac{2}{8}$

Das ist doch einfach!

Oder: $\dfrac{4}{8} : 4 \left(\text{dasselbe ist } \dfrac{1}{4} \text{ von } \dfrac{4}{8}\right)$

ist: $\dfrac{4 : 4}{8} = \dfrac{1}{8}$

oder: $\dfrac{4}{8 \cdot 4} = \dfrac{4}{32} = \dfrac{1}{8}$.

Seid recht artig u. tapfer u. erholt Euch.

Ich werde wohl auch schon Sonntag zu Haus sein. Ems ist sehr schön. Ich telegrafiere noch, wann Ihr abfahren sollt.

Mama, die eben schläft, läßt Euch viel vielmals küssen; so wie ich Euch küsse

Papa

Jena, den 13. 9. 1911

Meine lieben Kinder!

Heut konnt ich nicht telefonieren; so sollt Ihr doch ein paar Zeilen haben. Eure Karten haben mich sehr gefreut u. auch Herrn Kinkel, dem ich sie zeigte. Und Frl. Kantorowicz hat mir in einem Briefe, für den ich sehr danke, noch einen ausführlichen Bericht erstattet.

Tante Cohn war heute schon hier u. hat mir auch noch erzählt. So weiß ich alles u. bin froh, daß es gut geht, mit der Gesundheit u. der Schule.

Schreibt recht bald Herrn *Kinkel* u. Herrn *Schopperle*; sie warten darauf.

Ich wohne im Fürstenhof, u. alles geht ganz gut. Wie stehts mit Onkel Thele? und mit Mausi – ist sie zu Haus? Wir sind heut auf dem Fuchsberg durch dick u. dünn geklettert. Es war sehr fein. Seid nur recht artig. Ich bin morgen in Weimar, übermorgen in Kahla usw. Und *spätestens Montagfrüh in Berlin*. Das sagt dem Büro.

Grüßt alle, alle; u. seid Ihr vielmals geküßt, alle drei, von Eurem

Papa

Jena, 14. September 1911

Meine Mäuschen!

Eben sprach ich mit Helmi u. Herrn [Dr.?] Jaffé.

Ihr habt also meinen gestrigen Brief noch nicht. Ich will daher noch einmal sagen: Schreibt *sofort jetzt* schon (spätestens am Freitagnachmittag!) eine Karte an Herrn Landtagsabgeordneten Kinkel, Jena, Volkshaus, Soziald. Parteitag. Er wird sich sehr freuen. *Heut abend gehts nach Weimar.* Morgen Kahla, Sonntag Suhl usw.

Viele, viele Küsse Euch u. Grüße überall

Euer Papa

Seid ganz, ganz artig!

FELDPOSTKARTE AN ROBERT

Lüttich, 6. 9. 14.

Ich küsse Dich

Papa

Ich hatte eine sehr lange u. sehr umständliche Fahrt.

FELDPOSTKARTE AN ROBERT

25. 4. 1915

Liebstes Böbbchen!
Das war ein sehr braver Brief von Dir; ich danke Dir u.
habe mich über den Inhalt sehr gefreut. Schreib bald wieder
einmal u. sei recht artig. Wir halten hier einen Baummarder
gefangen u. heut war Fuchsjagd – aber Reineke prellte die
Jäger u. den Hund, der sich schließlich mit ein paar arm-
seligen Mäuslein zufriedengeben mußte. Kanonengedröhn,
Maschinengewehrgeknatter u. Flieger, Flieger.
Ich küsse Dich u. Euch alle

Dein Papa

Bald bin ich bei Euch.

FELDPOSTKARTE AN WILHELM

28. 4. 1915

Mein Helmi!
Ich danke Dir für Deine ausführliche Karte, die aber wirklich
auch an der Zeit war. »Sie«! Das ist bei Dir kleinem Kerlchen
wirklich drollig, u. wenn Prof. Kroymann weiter beim Du
bleibt, scheint das ganz in der Ordnung. Jetzt wird die
Schule doch wirklich hochinteressant. Was Ihr da lest, gehört schon zur richtigen Wissenschaft u. wenn Du Dir eine
wertvolle Zukunft mit tiefer u. breiter Allgemeinbildung
aufbauen willst, so versäume diese Zeit nicht. Ich hab nichts
gegen Scherz u. Übermut, wenn sie nur an der Oberfläche
Abwechslung schaffen; Ihr kommt jetzt in die Zeit des
Studentchen-Spielens. Laß darunter niemals das Ernste u.

Wichtige leiden. Denk, wie glücklich Du bist vor Millionen armer Kinder, die nur wegen der Not ihrer Eltern nichts lernen können von all dem Wundervollen u. deren Anlagen verkommen u. verderben. Lernen, lernen u. nochmals lernen. Siehst Du's heut nicht ein, später wirst Du's ganz verstehn. Die Reue kommt dann zu spät. Dieses »Einschlafen« im Unterricht ist Unfug u. keine Heldentat. Paßt ordentlich auf, Ihr dummen Kerlchen.

Zeichnen u. Singen sollst Du weiter mitnehmen. Es ist nützlich. Auf dem Gymnasium kommen die »Realien« schon kurz genug!

Eure Partien müssen schön gewesen sein. Hier ist's Frühling. Sonja schrieb ich von all unsren Funden. Auch ein Igel wurde gefangen. Nachtigallen singen.

Seid artig, artig, artig! Ich küsse Dich, mein Junge

Dein Pa

In 3 Wochen sicher auf Wiedersehen!

An Wilhelm

7. 7. 15

Mein liebstes Helmichen!

Gestern vor 1 Woche ging ich fort. Es war eine ziemlich abenteuerliche Fahrt – Küstrin kreuz u. quer, eskortiert von einem Unteroffizier, der meine Abfahrt nachts 12.55 zu überwachen hatte. Aus der Kaserne schickte man mich, da sich die Mannschaften allzuviel um mich versammelten, rasch weg – mit Marschverpflegung für 4 Tage, 1 Mk Reisegebührnisse u. 3,30 Mk Löhnung für 10 Tage. Die Marschverpflegung ungeheuerlich, so daß ich einen Dienstmann hätte nehmen müssen, hätte ich nicht 7/8 sofort an die Kameraden verschenkt.

Am 30. war ich in Memel, wo ich auf Geld warten mußte, denn *hierher* Geld zu bekommen ist fast unmöglich u. dauert wohl 2–3 Wochen. In Memel fand ich unsere Genossen, wohnte auch bei einem (Gastwirt Wolff) u. machte mit ihnen mehrere Ausflüge auf die Kurische Nehrung –

gegenüber Memel u. nach Schwarzort, einem Badeort, wo die Memeler Flüchtlinge aus der Russenzeit von den Hoteliers niederträchtig ausgebeutet worden waren. Seebäder usw. kalt, aber wundervoll; die Haff-Fahrten schön wie auf der Havel. In Memel ist von der Russenzeit nichts zu bemerken außer zerbrochenen Fensterscheiben. In der Umgebung soll's schlimmer aussehn; ich vermochte nichts zu bemerken! Plünderungen sind vorgekommen – in der Hauptsache aber nur an Nahrungsmitteln, Kleidung etc., die zu nehmen nach deutschem Militärstrafrecht *keine* Plünderung ist. Mehrere Zivilpersonen scheinen erschossen; unter welchen Umständen ist mir höchst zweifelhaft, vielleicht bei den Gefechten auf den Straßen. Die Angaben der natürlich höchst erschreckten u. bedauernswerten Bevölkerung sind mit großer Vorsicht aufzunehmen. Auf der Straße wurden mir sofort tolle Mordsgeschichten von abgehackten Händen usw. erzählt, u. gegen meinen Zweifel eingewandt: die Regierung streite das alles nur ab, um die Angst der Bevölkerung zu dämpfen.

In der Nacht vom 1. zum 2. oder am 2. wurde ein deutsches Handelsschiff auf der Fahrt von Libau nach Memel torpediert – von einem englischen oder russischen Unterseeboot. Am 2. fuhr wohl infolgedessen kein Transportschiff von Memel nach Libau; am 3. sollte erst eines fahren, aber unter Bedeckung eines armierten Begleitschiffs, des klei-nen-
(ca. 60–80 To.)
nicht größer   als die kleinen Wannseeübersetzschiffe! –
Flußschleppers Puck, der mit einigen Revolverkanonen bestückt ist. Schließlich wurde aber das Transportschiff zurückgehalten – nur Puck fuhr, auf dem mitzudampfen ich mir die Erlaubnis holte. Die Fahrt war natürlich unbequem – nicht mal Sitze gab's; kein Bordgeländer, so daß man achtgeben mußte, nicht über Eck [sic!] zu gehn; aber frische Brise u. lebendige See, Mondschein u. rosiger Sonnenaufgang, so daß ich trotz Dreck u. der Seekrankheit einiger Gefährten eine famose Nacht verbrachte. Ein großer Umweg muß wegen der Minengefahr gemacht werden; die Russen haben ein gewaltiges Minenfeld vor Libau gelegt, ein deut-

sches Lotsenschiff liegt am kritischen Anfangspunkt. Wir fuhren ohne Lotsen u. kamen glücklich durch – ca. acht Stunden – Libau ist lang von See aus zu sehn mit seinen Türmen. Der Hafen ist glänzend – riesig u. übersichtlich, wie ich kaum je einen sah. Die Einfahrt ist noch durch versenkte Schiffe versperrt, deren Sprengung eben in Gang ist. 2 Taucher sind dabei bereits getötet; der 3. von der Taucherfirma [Fleich?] Hamburg, fuhr mit mir auf Puck nach Libau. Libau reinlich – ohne Interesse.

Mit 3 Artilleristen, die auch nach Grobin wollten, per Mietswagen, natürlich nur ein Lastwagen, die Beine an der Seite herunterhängen, nach Grobin – ca. 12 km. Dort·mit Müh das Bataillonshauptquartier aufgestöbert – Bat.Kom. Rittmeister Simon u. Adjutanten vorgestellt – Waldbrand löschen helfen. Mit Fouragewagen ca. 18 km nach Aistern–Krug zum Kompanie-Hauptquartier – Feldwebelleutnant Rübekohl, Magistratsbeamter in Neukölln; 5. Kompanie Kompanieführer –; gegen 10 abends weiter auf holprigen Wegen wieder per Achswagen noch 16 km rund nach dem Gehöft Warwen bei Durben – Quartier der 4. Korporalschaft – Unteroffizier Hackradt. Die Mannschaften lauter Berliner u. meist Genossen. Quartier: eine Scheune, gut verschließbar, ohne Fenster. Alle haben Strohsäcke; Mantel als Kopfkissen; eine Decke, natürlich an der Erde. Läuse gibt's viel; Wasser wenig u. sehr schlecht. Kameradschaft erfreulich. Unteroffizier gut, Simon u. Rübekohl recht sehr verrufen. Der Sanitätsdienst (Bat.arzt Dr. Eck?) äußerst miserabel. Ein bes. Kapitel. Heut wurde ich gegen Cholera geimpft – während in Lothringen bei jedem eine neu sterilisierte Spritze genommen wurde, hier mit derselben Spritze, ungereinigt, 3 geimpft – ich als letzter. Ekelhafteste Krankheiten können so übertragen werden; viele unserer Leute sind sehr krank.

Die Bevölkerung fast ganz lettisch – man sieht nur wenige Zivilmenschen hier, alles voll deutscher Soldaten.

Die Natur gleicht der ostpreußischen. Leicht u. breit gewelltes Terrain, mit kleinen Gehölzen durchsetzt, meist

auf den Hügeln - nur 30 -100 m hoch - u. langsam breit
ansteigend die kleinen Dörfer u. zerstreuten Gehöfte, meist
in Bäumen. Eine eigentümliche Baumart - knorriger, ver-
zerrter Wuchs des etwas lichten u. dicken Stammes, nicht
sehr hoch, weidenartige Blätter - was mag das sein? Sonja,
die ja wohl nicht mehr zu Haus ist, muß es wissen. Dann
u. wann Seen; einen sehen wir von der Höhe unseres
Gehöfts als schmales Silberband in einer Stunde Entfernung.
Abends dicker weißer Nebel in den Senkungen. Kriegsspu-
ren hier wenig. Die zersprengten Forts von Libau; ein halb-
begrabenes faulendes Pferd an der Straße; einige Gräber.
Wir arbeiten an Befestigungen; weit hinter der Front; nicht
mal Kanonendonner hört man; dann u. wann ein deutscher
Flieger. Essen bisher gut u. reichlich. Wetter bisher gut.
Ich arbeite mit, wie alle. Briefzensur gibt's hier nicht, soviel
ich sehe. Ihr müßt ein paar gute Zeilen an Sonjas Mutter
schreiben, wegen des guten armen verstorbnen Vaters. Soviel von mir - laß diesen Brief auch Bobb u. Mausi lesen.
Natürlich vor allem Sonja, wenn sie noch da ist; er ist für
Euch alle. Schreibt schnell u. recht gründlich.

Wo steckt Ihr Kerlchen jetzt? Vor 10 Tagen höre ich nichts
von Euch - das ist traurig. Schont Sonja aufs äußerste! Seid
brav u. artig. Dann wird alles gut. Ich küsse Euch alle vielmals.

Euer Papa
Ich brauche noch:
1) in ca. am 21. abzuschicken: *20 Mk.*
2) *Vorw. u. Berl. Tgblatt seit dem 1.7.* einschl.
3) *Mein Zimmer dauernd verschließen.*
4) *Heftpflaster u. Verbandspäckchen.* Man verletzt sich
   hier viel.
Alles sofort zu erledigen!!

FELDPOSTKARTE AN ROBERT

10. 7. 1915
Liebstes Böbbchen!
Ich hoffe, diese Karte trifft Euch in Oberwiesenthal. Die
Ungewißheit darüber, wo Ihr seid, wo Sonja steckt u. wie

es Sonja u. Euch geht u. was sonst in der Welt vor sich geht, ist recht unangenehm. Natürlich hab ich seit meiner Abfahrt aus Berlin noch keine Nachricht. Und das wird noch ca. 1 Woche so bleiben! Wie ihm sei, u. selbst wenn Ihr zu Haus geblieben seid, ich rechne auf Eure Vernunft u. Rücksicht auf Euren Papa, der Euch über alles liebt. Erholt Euch, wie es grad geht – die Zeit ist zu furchtbar ernst, als daß man sich über persönliche Unbilden beschweren dürfte. Seid recht artig, u. arbeitet auch ein wenig.

Grüßt Herrn Vieweg u. Frau Butzke bestens – wenn Ihr in O.W. seid. Auch Korbs, Kaden u. Richter.

Schreibt bald – meinen Brief – an Helmi adressiert – hast Du doch auch gelesen?

Ich küsse Euch viel vielmals

Euer Papa

FELDPOSTKARTE AN ROBERT

19. 7. 15

Liebstes Böbbchen!

Noch rasch einen Brief an Dich. Nur kurz, sonst kommt er nicht fort – der Soldat-Briefträger steht wartend vor mir – ein wandelnder Briefkasten (Rucksack). Ich hörte von Sonja, daß Ihr möglicherweise nicht fort seid – wegen Geldmangels. Die Plötzlichkeit meiner Verschickung führte zur Unordnung; freilich ist ja jedenfalls größter Geldmangel. Dennoch hoffe ich, es haben sich die Wege gefunden, vor allem Sonja die *dringend* nötige Erholungsreise zu verschaffen. Ihr müßt jetzt ganz besonders, *ganz u. gar* artig sein; Sonja nicht [durch Lärm?] aufregen. Jede Unruhe, die Ihr jetzt im Haus macht, wäre ein reines Verbrechen. Ich denke, Ihr seht das ein. Nicht wahr? Selbst wenn Ihr nicht habt in die Ferien gehen können. Vergeßt das keinen Moment. Hier alles beim alten. Fast ohne Nachricht bin ich noch.

Schon am 28. 7. werde ich wohl hier abreisen, um am 2. 8. abends, vielleicht schon am 1. in Berlin zu sein. Ich küsse Euch alle viel vielmals

Euer Papa

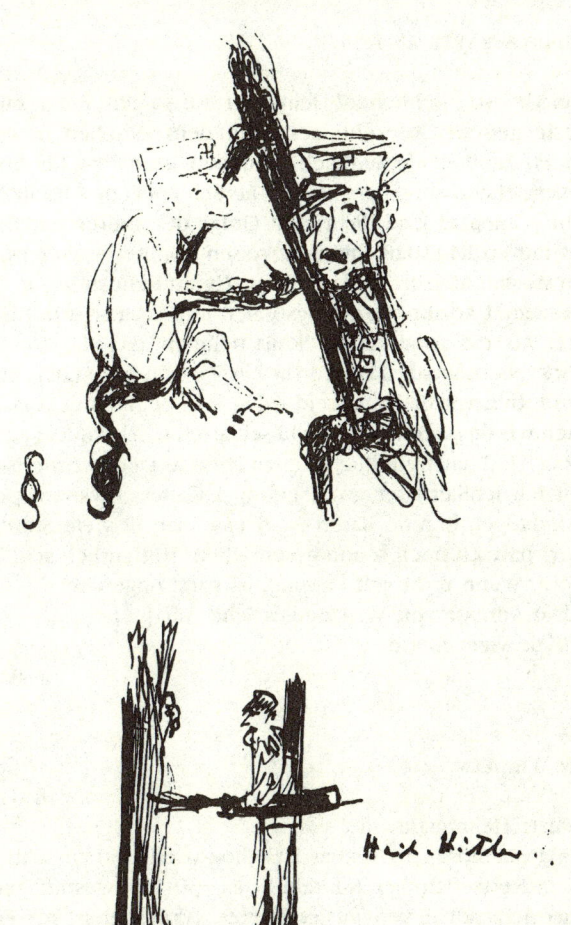

Karrikaturen Robert Liebknechts zum »Alphabeth der Nazis«:
»Arier-Affe« und »Heil Hitler« (1936)

30. 7. 15

Mein liebstes Böbbchen! Dein Brief war so nett, er hat mich riesig gefreut. Nur die Sache mit dem Rauchen u. dem Baden ist doch bedenklich. Rauchen ist nichts für Euch Zwerglein; u. mit dem Baden heißts Vorsicht – denk an den Wannsee! Und die vielen Opfer der andren Seen. Es tut mir so leid, daß Ihr nicht reisen konntet – aber es ist ein Ausnahmejahr. Und *da* müßt *Ihr* »durchhalten«; u. Ihr werdets. Und Ihr werdet besonnen und artig sein u. Rücksicht auf die arme kranke Sonja nehmen, die sich erholen *muß*. Nicht wahr, das seht Ihr ein – u. ich bitte Euch dringend: beherrscht Euch, seid ruhig und peinlich gehorsam, auch wo Ihr glaubt, der Befehl sei falsch [...?]. Anders gehts nicht. Und seid freundlich, heiter. Hier ists kalt u. regnerisch. Daß ich Schillerfalter, große Eisvögel, Gabelschwanzraupen, Mondvögel, braune Bären [...?] usw. sah u. viele Störche [...?] hab ich doch schon geschrieben. Hoffentlich seid Ihr wohl. Wann u. ob ich komme, ist ganz ungewiß.

Die Adresse von W. Paradies fehlt mir [...]

Viele viele Küsse

Papa

AN WILHELM

12. 9. <18>[15]

Liebste Helmimaus!

In Bauske höre ich, das Bat. ist schon wieder 30 km östlich, nach Kertschen bei Karkeln – ca. 30 km westlich von Friedrichstadt –, verlegt; jetzt gehts dahin weiter; per Fuß oder Wagen, falls uns einer mitnimmt; *uns*, denn ich fand Marschgenossen, sogar einige (Urlauber u. Krankgewesene) vom gleichen Bataillon, heut einen von derselben Kompanie u. Korporalschaft! Gestern kam ich in Schawli an, von dem Du gelesen hast. Es ist furchtbar zugerichtet, wie viele andre Orte. Ein Gräberplatz, ein Beinhaus; die Häuserreste wie Leichensteine auf einem wirren unordentlichen Kirchhof. Bis Schawli von Libau per Bahn – in endloser Fahrt. Von Sch. heut im Lazarettauto hierher, wenigstens bis zum Schloß Ruhethal; einen prächtigen u. riesenhaften Complex. [Am Rande:] Wohl zerstörtes Deutsch Ritterschloß. Von dort n.Th. zu Fuß, v. Th. im Wagen der Feldpost. Obst gibt es hier – unbeschreiblich. Und billig! Apfel, Pflaumen, Birnen – pro Pfund ca. 5 Pfennig! Hättet Ihr das zu Haus! In Bauske ist eine riesige Ruine – auf der Höh, vor der der Njemen u. die Muscha zur Aa zusammenfließen, wie Werra u. Fulda zur Weser.

Schreibt mir Sonja's genaue Adresse. Schreibt Sonja, daß ich ihr unter Adolfs Adresse mehrfach schrieb.

Ich küsse Euch alle vielmals

Papa

Gräber, Gräber u. Schützengräben u. Zerstörungen, wohin man blickt! An Schlafen ist nicht zu denken.

Näheres darf ich ja nicht schreiben. Gebt bald Nachricht! Und vergeßt nicht, artig zu sein. Schreibt auch an Sonja u. Thedel usw.

Lies vernünftige Sachen! Üb Clavier!

Viele Grüße an Tante Alice u. Fräulein

AN ROBERT

14. 9. 15

Gib das auch Helmi u. lest es Mausi vor, ganz genau.

Liebstes Böbbchen!
Wer weiß, wann ich Euch wieder schreiben kann. Rasch – noch auf dem Marsch – einige Worte. Über Bauske – Barbern nach Kertschen, wo der Bat.stab liegt, der bald nach Friedrichstadt verlegt werden soll – jetzt ists noch zu unsicher dort. Unsre Komp. liegt in Sauschinen – noch ca. 30 km östlich von hier. Sie arbeitet an der Düna, an der Front, unter tüchtigem Feuer.

Die Kanonen von Riga bollern gehörig – und die Fliegen umsummen uns u. riesige Krähenschwärme ziehen durch die Luft u. kreisen u. kreischen umher - ein widerliches Gesindel, das hier gute Beute hat.

Ich erzählte gern viel von dem Traurigen u. Ernsten, das ich sah - die Zeit drängt. Liebes Böbbchen u. Ihr andern Kinder, Helmichen u. Mausi, dieses noch einmal:

Seid artig u. fleißig u. schlagt Euch tapfer durchs Leben, ohne nach oben zu sehen; ohne rechts u. links zu schwanken. Geradeaus. Obs grad bequem ist oder nicht.

Fleißig lernen, das schafft Euch den Weg durchs Leben, gibt Euch Kraft u. innere Mannigfaltigkeit. Und artig, seid gut zueinander u. zu Sonja vor allem. Sie meint es am besten mit Euch, sie hat eine schwere Last. Habt Vertrauen zu ihr, auch wenn sie einmal streng ist; das muß sein - u. sie ists nur in Eurem Interesse, das sie sehr ernst nimmt, oder weil sie mit Euch in andrer Art nicht fertig wird. Denkt daran, welche grauenvolle Zeit es ist, die wir durchleben. Da heißt es, sich zusammenzunehmen.

Ich denke immer an Euch u. möchte Euch die glücklichste Zukunft schaffen; Kraft vor allem u. Sonnenschein, so viel es gibt. Nur *darum* sorgt man sich, wenn man scheinbar hart ist zu den Kindern. Ich habe Euch so lieb wie je ein Vater seine Kinder. Ihr müßt das wissen; Ihr dürft daran nicht zweifeln. Höhere Gewalten zwingen mich immer wieder aus der Familie. Habt Zutrauen zu mir u. zu Sonja u. zu Euch selbst; aber nicht zu viel zu Euch selbst in dem Sinn, daß Ihr töricht u. eingebildet werdet. Das wär ein Jammer! Gerade an sich selbst muß jeder die schärfste Kritik, den schärfsten Maßstab anlegen; sonst purzelt er von den Stelzen in die Pfützen. Arbeiten, arbeiten! Das befreit u. befriedigt allein. *Gründlich* arbeiten, nicht an der Oberfläche herumplätschern. Fleißig sein in der Schule u. immer an die besten u. größten Menschen als Muster denken; an die Menschen, die am meisten für die Menschheit geleistet haben.

Selbstzufriedenheit u. Selbstüberhebung sind ein Unglück u. machen zum Narren. Das vergeßt nicht. Selbstvertrauen heißt Vertrauen darauf, daß man als tüchtiger Kerl arbeiten will, soweit die Kräfte reichen, u. zum Höchsten streben.

Ihr seid ohne Mutter, aber Sonja ist Eure zweite Mutter

u. wird es bleiben u. immer besser werden, je mehr Ihr
Euch Mühe gebt, je lieber Ihr sie habt.

Ich hoffe, Ihr werdet Euren Vater nicht verlieren, bevor
Ihr flügge seid; aber Sonja u. Onkel Thele, Willi, Curt - u.
Alice, Gertrud u. Onkel Otto u. Tante Etty u. Hedwig u.
auch Isy u. Guste u. viele andre, auch Sonjas Mutter u.
Geschwister stehen für alle Fälle zu Euch. Ihr werdet nie
verlassen sein, u. wenn Ihr tüchtig seid u. gut u. arbeitet,
arbeitet, arbeitet, so werdet Ihr Euer Leben zimmern, wie
ichs Euch von ganzem Herzen wünsche. - Seid Tante Alice
dankbar u. gut. Grüßt alle von mir.

Ich küsse Euch, Ihr lieben Kerlchen, viel vielmals

Euer Papa

AN DIE KINDER

21. 9. 15

Liebste herzige Kinder!
Es ist heut ein wilder Tag hier und ein sehr böser Abend.
Ein russischer Vorstoß aus Riga hat uns überrascht. Wir
heben jetzt neue Stellungen aus - in vorderster Linie.

Es ist kühl. Neben mir kracht es wie toll; um uns ist die
Hölle losgelassen!

Ich werde nicht schießen!

Lebt wohl - Ihr Liebsten.

Seid brav, fleißig, tapfer, unverzagt. Habt Euch lieb u.
Sonja u. seid gut zu Sonja, Eurer zweiten Mutter, die es
herzensgut mit Euch meint.

Ich küsse Euch - so heiß, wie ich Euch lieb habe. In 8
Wochen auf Wiedersehen!

Alles, alles Beste

Euer Papa

22. 9. 15
morgens.
Die Nacht ohne Angriff verstrichen; Verstärkung kam so-
eben an. Die Artillerie begann bereits ihr Werk am frühen

Morgen. Diese Stunden sind unvergeßlich u. für *mich* fürchterlich; ich vermag das Großartige daran höchstens zu empfinden wie bei einem Brand, einem Erdbeben, einem Tigergebrüll. *Menschlich* ists niederschmetternd, sofern man an den Menschen ein Maß anlegt, dessen er selbst sich sonst vermißt [sic!].

Die Natur ist hier groß und weit und stark; von elementarer Kraft.

Kalt, kalt! Sorgt, daß die Wintersachen etc. kommen (*Wäsche* u. *Strümpfe* hab ich schon für Winter!).

Schreibt bald u. oft; wenn auch kurz.

Ich küsse Euch viel vielmals, meine kleinen Kerlchen –

Euer Papa.

AN WILHELM

26. 9. 15

Mein liebster Junge!

Noch hab ich kein Wort von Euch; und heute grad besteht Aussicht, Post zu bekommen. Ich schreib aber doch schon jetzt. Es streichen mir so viele Erinnerungen aus meiner Jugend durch den Kopf und möchten mich überwältigen. Erinnerungen grad aus Deinem Alter, in dem der Geist aufgeht und alle Gefühle knospen. Ich blätterte eben im Ploetz (Geschichte) und warf einen Blick in die bunte ernste Fülle der Menschheitsgeschicke; und bei alledem wehten mir aus jeder Seite die Stimmungen entgegen, in denen ich sie einstens las und mit einer sonderbar träumerischen Phantasie in mich einsog. Getrocknete Blumen mit ihrem leicht verwirrenden Duft.

Diese Zeit des Werdens sollt auch Ihr in ihrer ganzen Zauberhaftigkeit durchleben. Das ist mein Verlangen, das mich jetzt Tag u. Nacht erfüllt. Ihr werdet viel ärmer sein in Euren spätren Jahren, wenn Ihr darum betrogen werdet. Und Ihr sollt nicht, dürft nicht darum betrogen werden. Gerade Du bereitest mir da manche ernste Sorge; das Herz will mir zerbrechen, wenn ich an Deine Zerrissenheit, Deine kleinen u. großen innren Kämpfe denke, denen Du nicht gewachsen bist u. in denen ich Dir doch bisher so wenig Helfer u. Schützer sein konnte. Mein Kerlchen, Du zweifelst, ob ich Dich liebhabe! Das greift mir ans Herz. Mir scheint zuweilen, Du seiest hart geworden u. verbittert; Dein Zärtlichkeitsbedürfnis wurde nicht befriedigt, vielleicht oft zurückgestoßen – aber nie aus bösem Willen, nie aus Mangel an Liebe, sondern in der Erregung, der Pein trauriger Konflikte, in der überstürzenden Hast drängender Arbeit. Ich war nicht da – u. bin nicht da, wenn Du Dich anlehnen, anschmiegen möchtest. Aber jetzt bist Du groß genug, an mich schreiben zu können u. mir Dein Herz auszuschütten. Und das sollst Du tun, ganz ohne Vorbehalt, ohne das Mindeste zu verbergen. Du trittst jetzt in das Alter des Übergangs vom Kind zum Mann. Da verändert sich manches am Körper; u. in der Seele treten neue Regungen auf, die leicht irregeleitet werden oder von selbst irrelaufen können. Hab Vertrauen zu mir u. zu Sonja. Nichts vor uns verheimlichen, nichts tun, was Du Dich uns zu bekennen scheutest: Wir verstehen alles, ich habe alle Irrwege des menschlichen Herzens durchwandert, durchhastet, durchkrochen. Nichts könnte Dir beikommen, was ich nicht verstünde und – falls Dirs selbst schlecht oder häßlich erscheint – verzeihen könnte u. würde, wenn ich Dein Streben sehe, Dich durchzuarbeiten, hinaufzusteigen auf die Höhen der Menschheit – in die Sonne, in die unendliche Herrlichkeit der Welt. Deine Brust soll hoch aufatmen, u. ich will Dich sehen, wie Du die Arme weit ausbreitest, ihr, der Welt, entgegen; wie Du springst u. jubelst u. um das Größte kämpfst. Das will ich sehen, darauf warte ich. Öffne Dein Herz und Deinen Kopf weit – flügelweit. Laß alles hineinfluten u. Dich beseligen. Und laß Dich leiten vom Vertrauen zu mir, zu Dir; von der Liebe zu uns allen u. zu den Menschen. Dann fällt alle Arbeit leicht; dann ist sie nicht Mühsal, sondern Glück, Entzücken.

Schreib mir, mein Herzenskind. Bald, viel. Ganz wie Dirs ums Herz ist.

Ich küsse Dich u. Euch alle, alle tausendmal

Dein Papa

An Robert

26. 9. 15

Liebstes Bobbchen!

Eure Karte vom 9. traf eben ein. Ich danke Euch – aber die Meldung von dem zerbrochenen Aquarium ist wenig erfreulich. Ich bin *sehr* ungehalten. Wieder bestätigt sich, daß Ihr nichts, aber auch *nichts* längere Zeit behalten könnt; ich hatte nur allzu recht, als ich Euch dringend vor solch gläserner Schale warnte.

Keine Rede davon, daß Ihr Euch jetzt wieder ein ähnliches Ding kauft. Nehmt Euch besser in Acht. Kauf ein Einmacheglas; zimmert Euch selbst etwas. Geld kann vorl. dafür nicht ausgegeben werden.

Seid artig u. gut zu Tante Alice, der Ihr sehr sehr dankbar sein müßt – das seht Ihr doch wohl auch ein.

Ich bin noch im Revier, wegen der leichten Augenverletzung, die ich mir beim Baumfällen zugezogen habe; es ist aber bald wieder gut, denk ich.

Viele Küsse Dir, mein Böbbel u. Euch allen – *schreibt*!!

Euer Papa

An Wilhelm

4. 10. 15

Mein liebster Helmijunge!

Eure ausführliche Karte kam – Mausi hat leider wieder nicht unterschrieben. Das Fräulein will wohl abwarten, bis ich ihr erst einen langen Brief schreibe. Nun, der wird allerdings bald kommen.

Bob's Mitteilung aus der Schule ist bedauerlich. Nun, die Jungen werden sich wohl auch mit dem neuen Lehrer befreunden. Die Geschichte mit dem Zusammensitzen von Euch beiden verstehe ich nicht ganz.

Zuerst die Frage: »*Wintersachen*« soll heißen: Handschuhe, Leibbinde, Pulswärmer, Kopfschützer. Ich hatte sie im Juni in Eurem Zimmer vor meiner Abreise herausgetan; sie werden in Verwahrung genommen.

Wir liegen noch an der Front u. werden wohl dauernd

dort bleiben. Übermorgen komme ich wieder zur Korporalschaft zurück, nachdem mein Auge wohl annähernd auskuriert ist. Der Zufall brachte einen Augenspezialisten als leitenden Arzt in die hiesige Verwundeten-Sammelstelle. Er stellte heut mit Augenspiegel eine Bindehautentzündung u. Überfüllung der Pupillen an der von mir bezeichneten Stelle fest. Ich habe noch Zink einzuträufeln; das geht aber in der Kompagnie auch. Ich werde dann fast 14 Tage hier gewesen sein; in weiteren 43-45 Tagen, d.h. 6-7 Wochen gehts dann wieder zu Euch. Bis dahin freilich werden harte Zeiten kommen. Wenn nur der Schützengraben nicht blüht – alles andre, alle Gefahren spielen keine Rolle; nur mitmorden – das kann ich nicht, da hörts auf. Die arme Bevölkerung hier! Zumeist ist sie geflohen u. die Gehöfte stehen verödet. Da ist wahrlich *alles* ratzekahl weggenommen – von den Deutschen; denen, die geblieben sind, wird auch fast alles genommen. Keinerlei Vorsorge ist getroffen, daß ihnen wenigstens das Nötigste bleibt. Und gar oft nicht requiriert mit gehörigem Schein, sondern einfach genommen, geraubt. Heut kam eine Frau hier an, der auf einen gefälschte[n] höhnischen Schein das letzte Schwein genommen war.

Die Soldaten lachen leider gar oft noch über solche Unmenschlichkeit; nur selten verstehn sie die Lage der Bevölkerung. Raub u. Plünderung sind eben Zwillingsgeschwister des Mords – wie dieser legitime Kinder des Kriegs. Ich hab darüber nun manche Erfahrung.

Riesige Mengen von Feldfrüchten verkommen hier allenthalben in der Erde – ihre Einbringung wird nicht einmal versucht; es wird verzehrt – direkt aus der Erde geholt – was jeweils grad gebraucht wird u. damit basta.

Ich las hier von Euripides in der Übersetzung von Mühly's 3 Stücke: Medea, Hippolyt u. Iphigenie bei den Tauriern. Wundervolle Teile haben alle drei. Lest Ihr schon griechische Tragödien? Äschylus oder Sophokles? Bald wirds soweit sein. Da mußt Du dann freilich auch unsre Dichter besser kennen als bisher. Ich warte des Tags, an dem Du den Eingang zu dieser Wunderwelt finden wirst.

Heut fiel mir Dante's Göttliche Comédie in der Streck-
fuss'schen Übersetzung (Reclam) in die Hände. Die Er-
habenheit u. Verklärtheit dieses Gedichts übersteigt alles
Menschliche. Auch dieser himmlische Genuß steht Dir
noch bevor, Du Glücklicher.

Schreibt bald u. oft u. recht gründlich. Seid artig u. rücksichtsvoll gegen Alice u. Sonja u. auch gegen Fräulein! Und
gegeneinander.

Ich küsse Euch tausendmal

Dein Papa

Schickt an Willi Paradies recht oft u. viel.

[Über dem Briefanfang:]
Tabak! Kerzen! (angek. am 12.)
Schickt bitte einen neuen *Notizblock* 19/12 cm!
Möglichst dick! Und ein *Briefmarkenheft*.

FELDPOSTKARTE AN ROBERT

6. 10. 15

Mein Herzböbbchen!
Eure Karten u. Alice's Briefe – auch 1 Tabak= u. 1 Zigarillo-
sendung – trafen ein; ob alles, weiß ich nicht. 8 mögens
zusammen sein. Das letzte – wieder sehr günstig – vom
28. 9. heute: in der Korporalschaft hätte es freilich 4-5 Tage
länger gedauert.

Vielen Dank. Aber schreibt u. schickt ohne Unterbrechung
laufend weiter, noch schneller. Täglich. Der Teilblock ist
erfreulich. Ich erbat aber schon u. erbitte nochmals einen
großen *Block*: 19/12 cm etwa.

Einen ebensolchen Block schickt bitte auch sofort: an
den *Gefreiten Erwin Fischer*, 102. Armierungsbat. *Stab*
(Osten).

Von Sonja hörte ich seit dem 15. 9. nichts. Ich schrieb ihr
auch direkt nach Bern, wie sie bat. Meine Briefe nach Berlin
werden ihr wohl nicht nachgeschickt werden können.

Also Fritz Par. Gehirnerschütterung! Kann sehr bös, aber

auch anders sein. Der arme Willy P. tut mir riesig leid.
Schreibt sofort seine neue Adresse u. schickt u. schreibt
ihm sehr eifrig - drängt auch - telefoniere - Isy das zu tun.

Hab ihr Etty geschrieben? Was ist das plötzlich mit Kucke?
Bekommt er keinen Urlaub nach Berlin, wie Lu schrieb?

Seid artig u. fleißig u. ernst, wie diese grauenvolle Zeit.

Hier nichts Neues. Morgen gehts zur Korporalschaft zurück.

Ich küsse Euch vielmals u. grüße alle, Alice u. auch Fräulein.

Dein Papa

Frau Wunderlich kanntet Ihr doch wohl. Ich denke, sie
war 1911 mit Eurer Mama in Ems. In Breslau u. Berlin träft
Ihr - oder wenigstens einer von Euch - sie öfter.

13. 10. 15

Mein Junge!
Nichts Neues von hier - aber leider auch nichts von Euch!
Ich tapse völlig im Dunkel. Natürlich liegts an der Post, die
ganz miserabel funktioniert. *Schreibt aber doch möglichst
jeden Tag*, wenn auch ganz kurz. Man dürstet darnach in
dieser Vereinsamung.

Wüßte ich nur wenigstens, wo *Sonja* steckt. *Seit genau
28 Tagen kein Sterbenswörtlein*!

Strahlender Spätherbst, sternenklar u. reifbegossen. Kalt.
Natürlich ohne Öfen. Nur eine Decke in Stall oder Schuppen.

Ich küsse Euch allsamt - Genießt die Ferien!

Euer Papa

31. 10. 15

Liebstes Kind!
Deine Karte vom 13., die ich vor einigen Tagen bekam,
freute mich sehr, Du solltest aber auch einen *Brief* schrei-

ben; für diesmal ist's zu spät, aber das nächste Mal, ich bitte Dich.

Für diesmal ist's zu spät. Denn ehe Du dieses hast, läutet mir wohl die Mitauer Bahnglocke: Abfahrt Berlin! Und ehe Dein Brief hier wäre, hätte ich Dich leibhaftig in den Händen.

Ich bin etwas zusammengekracht, infolge der Anstrengungen, seit einigen Tagen wieder im Revier u. heute geht's nach einem Lazarett – wohl Mitau. Ganz wie das 1. Mal im September, so schickte mich auch diesmal der Kompaniechef zum Bat.arzt. Einmal nachts, als wir im Wald arbeiteten (sägten), es war bitter kalt! – wurde ich ohnmächtig. Dann nach dem russischen Rückzug über die Düna, als wir nach unserer neuen Arbeitsstelle zogen, von Bruntau nach Luraum (über Malta), d. h. nach Nordwesten, Richtung Riga – Mitau.

Dieser Marsch führte uns durch die eroberten russischen Stellungen, reine unterirdische Labyrinthe, kunstvoll u. bequem ausgebaut. Zer»deppert« natürlich jetzt vielfach. Da lagen die Leichen herum, auf der eisigen Erde, gekrümmt wie Würmer oder mit ausgebreiteten Armen, als wollten sie sich an die Erde oder den Himmel schmiegen, retten. Die Gesichter nach dem Boden oder aufwärts. Schwarz schon zuweilen.

Gott, ich sah auch manchen unsrer Toten in dieser Zeit u. half, ihnen die Habseligkeiten abnehmen, die letzten Erinnerungen für Frau u. Kinder.

Eine Geschichte dieses Krieges wird einfacher sein, mein Kind, als die Geschichte vieler früherer Kriege. Weil die Triebkräfte gerade dieses Kriegs ganz brutal an der Oberfläche liegen. Denk an die Kreuzzüge, wie verwirrend der religiös- u. kulturell-phantastische Anschein, der freilich auch fast nur wirtschaftliche Tendenzen verdeckte; die Kreuzzüge waren große Handelskriege. Die Ungeheuerlichkeit in Maß, Mitteln, Zielen des heutigen Kriegs verdeckt nicht, sondern entdeckt, deckt eher auf. Darüber reden wir noch. Und über vieles andere.

Du fragst, was Du lesen sollst? Ich rate zunächst zu einer

Literaturgeschichte, ich habe davon zu Hause, glaub ich, nur den Stern, Geschichte der Weltliteratur. Das ist ein wenig selbständiges, wenig kraftvoll durchgearbeitetes, 3bändiges Werk – kleine dicke, bräunliche goldgepreßte Leinenbände. Bei Th[ele] findest Du noch Scherer, Deutsche Literaturgeschichte. Leihe Dir aus der Schule auch noch den Lübke, Deutsche Literatur. Beide nicht sehr viel wert, aber doch anregend genug, schon durch den Stoff, u. den kritischen Senf mußt Du versuchen, selbst zuzugeben. Lies dazu wirklich einmal Kautskys Thomas Morus.

Den ganzen Schiller nimm in die Hand, blättre u. lies, lies gründlich u. immer wieder. Und dann nimm den Kleist u. den Körner u. einige Goethe-Bände u. Shakespeare u. Sophokles u. Äschylus (die beiden letzten in gebundenen Reclambänden in meiner Bibliothek) u. Homer. Nasche überall u. dann bleib hängen u. lies gründlich. Sitz stundenlang allein mit den Büchern. So werden sie Deine Freunde u. Du ihr Vertrauter. Ich möchte Dich nirgends hinzwingen – Du sollst, Du mußt selbst suchen; jeder hat seinen ganz eignen Weg.

Eine nette Kleinigkeit nimm nebenher – *Reclam* – für *20 Pf* – Andersens »Glückspeter«.

Geschichte u. Naturwissenschaft, was Dir in die Hand fällt.

Nun, auch darüber bald mündlich.

Du u. Bobb auch, Ihr dürft in mein Zimmer u. auch den Bücherschrank im Eßzimmer einsehn, durchsehen. Aber mit Maß, ohne viel Unordnung; nichts verstellen, nichts verlegen oder herumwerfen. Dies u. jenes Buch herausnehmen, hinsetzen u. blättern u. lesen; dann wieder an seinen Platz usw. Es sei denn, es soll gründlich u. breit studiert werden; dann darfst Du's in Dein Zimmer nehmen; aber stets höchstens 1 oder 2 auf einmal. Und keine Papiere durcheinanderbringen.

Nicht gefällt mir, was Du über »Abhandlungen« u. Moralpredigten schreibst. Das hättest Du ernster nehmen müssen.

Die Schicksale Eurer Raupen usw. sind erfreulich. Führt die Zucht nun einmal ordentlich durch.

Ich muß nun schließen – wir warten aufs Auto, das uns zum Lazarett bringen soll. Ich muß packen.

Ich küsse Dich, mein Junge, viel vielmals, sei brav u. gut zu Sonja – hab keine Sorge um mich. Geht viel ins Freie! Grüßt alle!

Dein Papa

Schule nicht vergessen! Sie geht doch allem vor u. gibt tausend Anregungen. Öffne Dein Herz allem, allem.

AN ROBERT

31. 10. 15

Mein Böbbchen!

Deine nette Karte hat mich sehr gefreut. Aber auch Du solltest eigentlich einen Brief schreiben; da kann man doch noch viel ungenierter sein Herz ausschütten; gerade seinem Papa. Nun – der Inhalt der Karte ist zwar sehr lieb u. hat mich zumeist gefreut – nur eines nicht. Deine Zensur, Dein Platz. Aber Dein Vorsatz ist gut u. ich vertraue Dir, daß Du ihn durchführst. Wenn ich bei Euch hin, werde ich proben.

Hans wird hoffentlich noch mal heimgeschickt werden u. Kucke nicht so bald fortmüssen, oder ganz zu Haus bleiben können. Das wäre der Tante Alice wirklich zu wünschen u. uns auch. Habt Ihr an Tante Etty geschrieben? Alle drei? (Mozartstr. 4!) Tuts *nochmals*. Hat sie geantwortet?

Die Deutsche Tageszeitung erscheint sicher schon längst wieder. Seit dem 20. haben wir keine Post. Sie liegt irgendwo in Mitau.

Die Sache mit der Angora-Katze stimmt nicht nur, sondern ist auch als allgemeine Erscheinung bekannt. Wie es sich erklärt – es liegt wohl an der Regenbogenhaut des Auges – entzieht sich meiner Sachkunde. Ich warte noch auf Abtransport ins Lazarett. Aber habt keine Sorge; ich bin nur sehr erschöpft.

Seid fleißig u. brav; seid gut mit Sonja. Zeigt Euch der ernsten Zeit würdig.

Hier ist ganz Winter u. Schnee. Wintersachen hab ich von hier bekommen; brauch ich nicht mehr; Pakete kommen ja auch nicht an. Ich hab von Euch - außer einem bißchen Tabak noch *nichts*!!

Nun leb wohl - ich küsse Euch -
alles alles Gute.

Euer Papa

Notiz für Wilhelm
Helmi soll genau schreiben, was er arbeitet, liest usw., wie er seinen Tag einteilt, wann er zu Bett geht etc. Freiübungen, frische Luft, 8 ^{1}/2 - 9 Stunden Schlaf. Heizkörper abstauben. Musik? Schubert, Schumann, Klassischer Liederschatz, Beethoven's Lieder. *Messias*, u. andere Händel-Sachen. (Noten zur *Matthäus-Passion einbinden*!)

Schöpfung, Jahreszeiten, Gluck (Iphigenie!), Mozart (Auswahl u. ganze Opern u. Sonaten u. Requiem ganze Opern - bes. Don Juan, Figaro, Zaub.fl., Entführung). Beeth.-Sonate, [...?] u. Fidelio u. Missa Solemnis. *(all das u. vieles sonst ist da!!!)*

An die Kinder

Berlin, 9. 8. 16
Liebste Jungen!
Ich freue mich über Deine Berichte, Helmi, und über Euer beider Grüße sehr.

Alles klappt, Ihr lernt ein Stück Natur, ein Stück Stadtwelt (Hamburg ist in Friedenszeiten auch *die Weltstadt* Deutschlands, das Herz des deutschen Weltverkehrs und -Handels), ein Stück *anderen* Menschenlebens - besonders der Schiffsmannschaft, so hoffe ich -, und ein Stück eignen inneren Wesens kennen; eignen inneren Wesens, auch im Verkehr mit Euren Freunden, der sich ja famos zu gestalten scheint.

Seht Ihr, das gefällt mir: die Lungen und das Herz weit aufgemacht und die Arme ausgebreitet u. hinaus in die Welt.

Ich kann alles mitempfinden u. verstehen, was Euch entzückt.

Das Schiff, das Wasser, die Fahrt, die Mannschaft, die Freunde, die Heide, Lüneburg, Hamburg, der Hafen, der großartigste der Welt, in seiner *Konzentration*, trotz der *größeren* von London u. New York – aber jetzt wohl sehr still, ohne das sausende, brausende Leben, mit bunten stürmenden Lichtern und strömenden Menschen und Gütermassen.

Auch die Alster; saht Ihr aber auch die Reste des furchtbaren »Gängeviertels«, das 1892 den Herd der Cholera bildete, an der, als an ihrer eignen sozialen Schuld, auch die Hamburger »*Bürger*« damals so schwer litten, daß die längst geforderte Sanierung endlich durchgeführt wurde?

Es ist gut, daß Ihr noch geblieben seid, und Ihr werdet nicht vergessen, daß mit Geld sparsam gewirtschaftet werden muß. Ihr habt das ja noch nie auf den Reisen vergessen. –

Sobald Ihr heim seid, besucht mich. Der neue Termin ist noch nicht angesetzt.

Hoffentlich erreicht Euch dies noch in Hamburg. Ich schrieb bisher nicht, weil ich sicher war, mein Brief würde Euch so wenig einholen, wie der himmlische Widder die himmlischen Zwillinge.

Hütet Eure Gesundheit. Schlaft auch Euer Teil. Genießt, was der Tag Euch bringt. Grüßt Eure Freunde bestens von mir wieder und dankt Euren Gastgebern sehr.

Euch küsse ich viel vielmals

Euer Papa

Daß Mausi auf 1 Woche in Birkenwerder ist, wißt Ihr doch?

AN VERA

Berlin, 16. 9. 16

Mein liebstes Mausichen!

Also krank bist Du, ein krankes Küchlein!

Aber es ist nicht schlimm, wie ich höre. Und doch mußt Du artig und vorsichtig alles machen, was Dir verordnet wird. Denn mit Erkältungen ist nie zu spaßen. Nicht wahr? Es ist jetzt so eklig kalt u. windig, daß sogar ich manchmal ein bißchen schuttere.

Die beiden Federn kennst Du jetzt doch genau: die kleine ist eine Flügel (Schwung=) Feder von einem Täuberich, der mir schon aus dem Mund frißt, von meiner Hand aus. Die große von einem 3 Monate alten Hühnchen, das ich mit seinen 5 Geschwistern täglich füttere. Dieses Hühnchen ist ein richtiger Galgenstrick. Es klettert ewig durch einen schmalen Spalt aus dem Hühnerhof in den Spaziergarten zu mir u. verstört die Tauben, wenn ich sie füttere; denn es ist schon größer als die größten Tauben. Wenn es im Garten einmal sehr viel fressen würde, gings ihm, wie dem Wolf, den Reineke Fuchs durch ein Loch in der Bauernscheune zum Salzfleisch führte, u. der sich daran so dick machte, daß er nicht wieder durchs Loch zurückkonnte: Du kennst die Geschichte.

Aber jetzt gibts so wenig Futter für die armen Tiere, daß sie einen wirklich leid tun. Wie sie schreien und piepen und heißhungrig über jeden Krümel herfallen. Und das unmöglichste Zeug verschlucken: z. B. gestern die Hühner die grünen Schalen von Kastanien.

Am lustigsten ists mit den ganz kleinen Küchlein, die winzig sind wie die Mäuse und kaum sind sie aus dem Ei, auch rennen wie die Mäuse. Hat eins etwas im Schnabel - z. B. einen Regenwurm, den es nicht gleich verschlucken kann, so rast es damit fort u. alle andern hinterher, immer im Kreise herum, wie auf der Rennbahn die Pferde, oder wie die Tanzmäuse. Eins suchts dem andern wegzuschnappen, bis gewöhnlich der arme Wurm in kleine Fetzen zerissen in die verschiedensten Schnäbel wandert.

Wie schade, daß Ihr das nicht mitansehn könnt. Die Tiere kennen mich so genau, daß sie immer angestürzt kommen Hals über Kopf sobald ich erscheine; und die Tauben flattern heran - wenn sie nicht grad brüten müssen, oder ihre Jungen pflegen, so wie Du jetzt gepflegt werden mußt.

Ich habe noch mehr Federn; lege Dir noch ein $\frac{4}{paar}$ von den Tauben bei. Guck sie genau an, wie fein sie gebaut sind, besonders die ganz winzige Flaum-Feder! Die fast von selber fliegt. Und die mittlere glänzt so schön. Und heb sie gut auf. Und sei folgsam, arbeite auch ein bißchen, damit Du nicht zurückbleibst. Und werde recht bald wieder ganz gesund.

Ich küsse Dich und Euch alle –
bald sehn wir uns wieder! –

Dein Papa

[Über dem Briefanfang:]
Heb die Federn in einem Kuvert auf, das Du etwas einfaltest; sonst verlierst Du sie gleich.
[Auf zusammengefaltetem Brief:]
Vorsicht! Fliegende Federn!

KASSIBER AN WILHELM

1. 12. 1916

Liebes Helmichen!
Euer Vorschlag ist sehr klug ausgedacht, aber wie mir scheint unpraktisch 1. weil schwer zu behalten u. schwer auszuführen, 2. weil, wenn deutlich ausgeführt, leicht auffällig – u. die Leute passen auf, wie die Schießhunde, 3. weil dabei nicht viel Buchstaben zu produzieren.

Ich mache einen Gegenvorschlag, der *für Euch alle* gelten soll, wenn Ihr nicht widersprecht u. keine andre Einigung erzielt wird:

1 – 8 = a – h: *dünnes* kleines *Strichelchen*/Häkchen irgendwelcher Form im oder am obren Teil des Buchstabens oder darüber.

1 – 8 = i – q: Dünnes kleines Strichelchen/Häkchen irgendwelcher Form im oder am unteren Teil oder darunter.

1 – 9 = r – z: Buchstaben/Grundstrich *etwas* dick (nicht auffällig).

Dabei wird vom ersten Buchstaben an gerechnet. Interpunktion zählt nicht mit; wohl aber Zahlen (jede Ziffer = 1 Buchstabe).

Das Datum schon mitgerechnet.

| 3. Buchstabe | ist zu dick geraten! |

Beispiel: Berlin, den 1. Dezember 1916
              lib   er   H
Dazu ist nötig, etwas groß zu schreiben u. ohne Schnörkel.

Beispiele: b c a b L B B B B B B B B   Das sind nur
                                          Pfeile zum
                                          zeigen!

Hat der Buchstabe mehrere Grundstriche, so genügt die Verdickung eines; also: n p

S. wird Euch das Weitere erklären; *dies ist auch für S. bestimmt.*

Ihr könnt bei dieser Methode erst schreiben, was Ihr Lust habt - nur etwas groß u. ohne Schnörkel. Die Zeichen lassen sich dann anfügen.

Bei Drucksachen bleibts bei dem Punkt. wie verabredet - von 5. Seite an.

Verstanden?

Wir sehen uns ja jetzt noch mal. Und auch später werdet Ihr mich öfter besuchen. Vielleicht gibt's dann auch Zettel. Das muß man noch [sehen?].

Seid gut, brav, fleißig. Viele viele Küsse

                                     Euer Papa

An Wilhelm
                             Luckau, den 11. 2. 17
Mein liebster Helmi-Junge!

Vielen Dank für Deinen Brief, den ich ausführlich im März beantworten werde. Heute darf ich Dir schreiben *wegen der Schule.*

Ich höre von Sonja u. von Dir, daß es da schlecht steht; u. am Ende gar Versetzungs-Schwierigkeiten eintreten.

Und von beiden höre ich, daß es *nicht* an Deinem Können

liegt, sondern an Deinem unzureichenden Arbeiten; u. das *weiß ich* auch selbst.

Die Sache ist *ernst*; u. ich hätte nach den ernsten, eindringlichen Gesprächen gerade darüber, die wir in Berlin hatten, nicht erwartet, eine solche Nachricht zu erhalten.

Glaub nicht, daß ich Dich u. Deinen jetzigen Zustand nicht verstehe. Vor fast $1^1/2$ Jahren schrieb ich Dir aus dem Felde: Du müssest *fliegen* lernen – fliegen durch die Welt des Geistes, der Gefühle, der Körper.

Dieses Fliegen beginnst Du seit einem halben Jahr. Die Knospen brechen auf – alles treibt u. drängt u. quillt – schäumt über, sucht sich seine Bahn. »Da Nebel noch die Welt verhüllten, die Knospe Wunder noch versprach« – und alles, wie es ahnungsvoll beglückt, zugleich beklemmt, quält – weil es unfaßbar ist, die Kräfte fühlen, wie sie der ungeheuren Aufgabe nicht gewachsen sind, nicht gewachsen sein können. Der Drang nach Wahrheit u. die Lust am Trug – ja – doch die Lust am Trug besteht nicht dauernd. Man fällt aus Finsternissen zum Lichte tappend immer tiefer ins Dunkel – bis man die Relativität alles menschlichen Wissens erkennt.

Und die dunklen Triebe regen sich – der Trieb, die Welt, oder ein Stück von ihr nicht nur zu verstehn, sondern zu bewältigen, zu erobern; und die ersten Keime der geheimen Sehnsucht von endloser selbstvergessener Tiefe, die Liebe genannt wird.

Und in alledem stehst Du kleines Kerlchen nun allein, d. h. ohne väterlichen Mentor – der Dir die Wege aus den Irrsalen zu weisen, Dich vor den Irrlichtern zu behüten vermöchte. Du kleines Kerlchen, wie ein eben ausgekrochener Schmetterling im Wirbel eines Taifuns.

Und ich weiß trotz alledem, daß man diese Zustände nicht durch ein Machtgebot oder einen Willensentschluß auf 3–4 Jahre vertagen, verschieben kann – sie müssen, wie der entsprechende körperliche Zustand zu ihrer Zeit durchgemacht werden.

Ja, Helmi-Mäuschen, Du sollst fliegen – die Brust frei-hinaus in die weite Welt – aber Du sollst Dich nicht *ver*fliegen;

nicht verlieren. Du sollst umherschweifen – aber Dich nicht verirren.

Nasche hier u. da u. überall – aber behalte Dein **festes Standquartier**. Von dem Du ausziehst, zu dem Du zurückkehrst, u. in dem Du Dich *sicher* einrichtest. Und dieses Standquartier bei allen Irrfahrten, bei allen Abenteuern die Kreuz u. die Quer muß sein: die *Familie* u. die *Schule*!

Bin ich ein Philister? Nicht ein Mensch vom Süd- zum Nord-Pol wagte es zu behaupten! Nun, vertraue Dich mir [an], mein Sohn! Mir, der Dein Vater ist, voller Hoffnung auf Deine Fähigkeiten, Deine Zukunft; u. dessen Leben vernichtet wäre, würden diese Hoffnungen zunichte.

Niemand fordert, daß Du Außergewöhnliches leistest. Du sollst nur – u. das ist jedes Menschen Pflicht gegen sich u. die Mitmenschen – Deine Kräfte nach Kräften entfalten – das Pfund, das in Dir liegt, beharrlich u. klug nutzen.

Die Schule – mein Junge, Du *täuschst* Dich so abgründlich, wenn Du sie langweilig nennst! Möglich, daß dieser oder jener *Lehrer* langweilig ist. Ganz *wie auf der Universität*, vielleicht nicht mal so sehr.

Aber das ist doch nicht die Schule! *Die Schule*: das *sind die Gegenstände, die Wissenschaften, die ihr dort lernt*.

Die Schule, das ist *Geschichte, Geographie*. Das ist *Mathematik*. Das ist *Französisch, Englisch*, ev. *Hebräisch*! Das ist der **deutsche** Unterricht, der Dir die fernsten Fernen unermeßlicher Horizonte öffnet – eines Goethe, Schiller, Lessing, Herder, Klopstock usw. zum Freunde gibt!

Stehts in allen diesen Fächern schlecht? Das wäre traurig! Das hieße: die Grundlage aller Bildung steht schlecht! Fehlt ganz!

Und dann: Griechisch, Latein:

Ist das langweilig? Sprachen sind die interessanteste menschlicher Geistesprodukte [sic!] – ihre Erkenntnis, ihre Anatomie, ihre Zergliederung nach ihrer Struktur, das ist ihre Grammatik u. Syntax; dasselbe, was die Anatomie beim Tierkörper. Hast Du keine Ahnung von der Wunderwelt, die die vergleichende Sprachwissenschaft auftut? Jede Sprache ist eine neue Welt für sich, sagte Alexander von Humboldt. Ich hatte stets ein so lebendiges Interesse dafür, daß ich nicht verstand, wie von langweilig geredet werden konnte.

Aber vor allem: Herodot, Xenophon, Thukydides, Demosthenes; u. der göttliche Plato!, Homer, Hesiod, Äschylus, Sophokles, Sappho usw. - das waren die *Griechen*, die wir lasen.

Und Cornelius Nepos, Caesar, Livius, Sallust, Tacitus; Ovid, Vergil, Catull, Horaz - das waren die Römer, die wir lasen.

Nimm eine Geschichte der Kultur, der Wissenschaft, der Kunst, der Literatur zur Hand - diese Sterne leuchten darin. Seit Jahrtausenden leuchten sie. Und sie werden nach Jahrtausenden leuchten!

Was sagt Lessing - in seiner »Rettung« von Horaz:

»Er, der philosophische Dichter, der Witz und Vernunft in ein mehr als schwesterliches Band brachte, und mit der Feinheit eines Hofmanns den ernstlichsten Lehren der Weisheit das geschmeidige Wesen freundschaftlicher Erinnerungen zu geben wußte und sie entzückenden Harmonien anvertraute, um ihnen den Eingang in das Herz desto unfehlbarer zu machen.«

Und einen »großen Geist« nennt er ihn.

Und alle jene sind »große Geister«. Lernst Du sie jetzt nicht kennen, - Du wirst sie *nie* kennen lernen. *Verpasse die Gelegenheit nicht. Sie kommt nicht wieder! Du verlierst Unendliches fürs ganze Leben*. Und magst dann vergeblich trauern! *Diese* Welt ist groß genug - um sich weit, endlos drin zu tummeln! Packs nur richtig an! Lies einschlägige Geschichte, Literaturgeschichte! So daß Du die Schriftsteller in ihrem geschichtlichen Zusammenhang siehst. Und wenn der Lehrer langweilig ist, so laß *ihn* bei Seite u. nimm den Schriftsteller, nimm die Bücher zu Hause, u. versenke Dich in sie.

Wie gern hätte ich jetzt meinen Vergil, Horaz, Homer, Sophokles, Plato hier - wie lebendig sind mir viele Horazsche Oden wieder geworden; sie kommen nachts - in den langen, langen Nächten, u. leisten mir Gesellschaft - in andrer Gesellschaft. Wie glücklich wäre ich, wäre mein Schatz an solcher Kenntnis zehnmal größer, lessingisch-groß!

Mein Junge, Du hast keinen Begriff, wie kindisch-töricht diese Mißachtung der Schule ist! Was Du damit aufs Spiel setzt ! – Die ganze Wissenschaft! Nicht mehr, nicht weniger!

Ist die Art des Unterrichts pedantisch – Du hasts in der Hand, ihn frisch u. voll Würze zu machen!

Ist das behandelte Thema, das Stück des Schriftstellers, zu klein, eng, zerfetzt – Du kannst es erweitern.

Ergreife nur das Gebotene.

Die *Positiva*, an Daten, Zahlen, Grammatik, Worten usw., der Gedächtniskram, so trocken er ist, bildet den **Stoff**, aus dem sich erst alles Wissen, alles wissenschaftliche Erkennen formt; so wie die Peterskirche in Rom, die Hagia Sophia in Konstantinopel, der Dom von Reims, der Kölner Dom aus harten, nichtssagenden, »trockenen« Steinen zusammengesetzt ist.

Mein lieber Helmi! Denke was alles dies heißt! Lies es dreimal, zehnmal! Und nimms in Dich auf – u. handle darnach. Aus **Einsicht** in die innere Richtigkeit – in die Notwendigkeit, diese Ratschläge Deines Vaters, so ernst sie gemeint sind, so ernst zu befolgen.

Laß *anderes* vor der Schule zurücktreten. **Erst die Schule**, dann alles andre! Es bleibt Zeit auch für andres – u. umso mehr, je mehr Du der Schule zuerst systematisch treu bleibst u. Dir einen *festen Boden unter den Füßen schaffst*. Nie wirst Du sonst später das Beste leisten können!

Und dann:

Überlege Dir, was es heißt, daß Ihr jetzt im Gymnasium sein dürft. Wer ermöglicht es? Welche *ungeheure Opfer – andrer* als Eures Vaters, die *nicht* verpflichtet sind – kostet es! Soll das verschleudert werden?

Und schließlich:

Welche Blamage, wenn Ihr mir jetzt nicht in der Schule Ehre macht! Ihr müßt Eure Ehre hineinsetzen, gerade jetzt doppelt in Ehren vor allen Menschen zu bestehn!

Sitzenbleiben? Nein, das darf nicht sein!

Mein liebstes Kerlchen! Ich **bitte** Dich dringend – laß

andres fahren; zersplittere Dich nicht, reiß Dich zusammen u. konzentriere Dich auf die Schule – so daß Du dort erst einmal fest geborgen bist. Alles Übrige darnach!

Der Vortrag – wird nicht schlecht gewesen sein – jedenfalls nicht wegen der Stimmbänder – Üb' eventuell ein wenig Singen (Schubert-Lieder). Die Handschrift ist wirklich nicht schön – übrigens meine eben auch nicht – das liegt aber an der schlechten Beleuchtung u. Kühle.

All das sind Kleinigkeiten.

Die Sache mit den **Zeitungsausschnitten**-Sammeln **laß vorläufig** – heb nur die ganzen Zeitungen – aber ohne die überflüssigen Beilagen auf. Später, *wenn Du mehr Zeit hast*, kann das Ausschneiden erwogen werden.

Die Schrift von Weule werde ich, ebenso wie die von Müller-Lyer von Dir noch herschicken lassen.

Wenn Sonja fortreist, werdet Ihr ja in den Tanten u. auch in Frau Marcusson, Cohn's – u. natürlich bei Isy u. Tante Hedwig, die ich alle zu grüßen bitte, eine Stütze finden.

Mit Sonja, die so seelengut ist, u. sich bis aufs Mark opfert, opfert – auch für Euch – seid gut, herzlich, warm, habt sie lieb, ich beschwöre Euch – sie verdient es tausendfach. –

Und *lerne von ihr* –

Jetzt wirst Du wohl reif sein zu verstehen, daß sie Dir an Wissen u. Verstehn vorläufig noch um manche Pferdelänge voraus ist.

Und nochmal:

Schule, Schule, Schule!

Ich *will* gute Nachricht haben!

Schreibe *Anfang März* einen *Extrabrief* an mich – wie's in der Schule geht. Ich antworte dann darauf – in meinem ordentlichen Brief.

Im April besucht Ihr mich dann.

Wegen *Eurer* Ernährung habe *ich* Besorgnis; um mich besorgt Euch nicht.

Nun – beherzige alles – ich hoffe auf gute Nachricht – Keinen Weltschmerz! Gerade in diesen Tagen nicht! Je drohender u. ernster das Geschick, umso mehr gilts zu bestehn!

– Kein Pessimismus – Stolz u. Kampf! Trotz u. Sieg! Das ist die rettende Parole in all solchen Fährnissen, inneren u. äußeren, wie sie Dich jetzt gepackt haben. – Und stets sei Dir bewußt: Du bist nicht ohne Vater, auch wenn ich im Zuchthaus bin!

Und in Notfällen könnt Ihr mich stets besuchen u. mir auch schreiben!!

Ich küsse Dich, mein kleines großes Kerlchen – und behüte Dich an meinem Herzen – trotz alledem –

Dein Papa

Mit *Schlittschuhlaufen* bei *Tauwetter* auf den Seen etc. höchste **Vorsicht! Vorsicht!** Eis wird mürbe! Nur wo polizeilich erlaubt, fahren, u. nur so lang, wie erlaubt.

AN ROBERT
Luckau, 11. 2. 17
Mein liebstes Böbbchen-Klein!
Nur wenige Worte Dir – die Zeit u. das Licht gehen gänzlich aus.

Ich höre von Sonja, daß auch Du vielfach in der Schule nachlässig bist. Das bekümmert mich sehr!

Wie ists möglich, daß Du sowenig Ernst u. Verstand hast, um nicht zu fassen, daß *das nicht sein darf!*

Daß es geradezu *Ehrensache*, in der Schule Ehre einzulegen; heute mehr als je für Euch! Wie könnt' Ihr das vergessen! Und wie töricht obendrein ist diese *Verschleuderung*, diese unsinnige Verschwendung der Schulzeit, die Euch unermeßlich nutzen kann fürs ganze Leben – und beglücken, wenn Ihr sie ernst nehmt!

Und bedenkt, wie unsre materielle Lage ist – *wir* sind arm wie Kirchenmäuse. Andere – Verwandte – ermöglichen allein den Besuch des Gymnasiums. Versagt Ihr da, so verschwendet Ihr auch noch diese fremden Mittel!

Was soll dann aus Eurer Zukunft werden!

Also Böbbelchen! Nimm Dich zusammen! Sorg für eine gute Osterzensur – u. für gute Nachricht aus der Schule im April bei Eurem Besuch, auf den ich mich schon sehr freue.

Dein Brief ist sehr nett – aber der Ton über die Schule ist mir zu leichtsinnig. Ich mag das nicht, mein Jung!

Pflegt Euren Körper – geht ins Freie, u. macht Freiübungen – sie halten warm u. frisch – ich erprobe es täglich an mir – ohne sie wäre ich längst stumpf geworden.

Ich küsse Dich vielmals, Klein-Böbbchen – seid artig – *habt Sonja lieb*, vertragt Euch gut –

auf Wiedersehn –

Dein Papa –

Mausi's Brief war so nett u. gut – ihr darf ich erst im März antworten – ich küsse sie sehr!

Mit dem *Schlittschuhlaufen* auf den natürlichen Gewässern – Seen, Havel, Kanälen usw. – gerade jetzt, beim **Tauwetter – allerhöchste** Vorsicht! Das Eis wird mürbe, bricht leicht, auch wenn noch dick!
Nur wo polizeilich erlaubt, fahren!!

AN WILHELM

Luckau, den 18. März 1917

Mein liebster Helmi-Junge!

Vor meinem Fenster braust u. schreit der Frühlingssturm u. rennt stürmisch durch den Engpaß zwischen den Mauern. Warm ist's nicht; gewiß nicht; wenn auch Schnee u. Eis vor diesem wilden Burschen eilig Reißaus nehmen. Märzluft. So mag's in Deinem Köpfchen, Deinem Herzchen aussehn. Da heißt's: die Lungen weit aufgespannt – Bewegung u. Entschlossenheit in die Muskeln, die Glieder. Hinaus in den Kampf. In den Kampf draußen u. in den Kampf drinnen, in sich selbst. Nur kein Verduseln, kein Verstocken, kein Stubenhocken, keine Mutlosigkeit:

Feiger Gedanken	Allen Gewalten
Bängliches Schwanken,	Zum Trutz sich erhalten,
Weibisches Zagen	Nimmer sich beugen

Ängstliches Klagen   Kräftig sich zeigen
Wendet kein Elend,   Rufet die Arme
Macht Dich nicht frei.   Der Götter herbei.

Ich bin froh, in Deinem letzten Brief zu lesen, wie allseitig Deine Interessen sind u. wie Du die Schule u. was dort gelehrt wird achtest, ja liebst. Wenn Du aber bekennst, daß Du in manchem schlecht stehst, weil Du zu Hause nicht für die Schule, sondern auf andren Gebieten arbeitest: so bekennst Du damit einen Grundirrtum über das Wesen alles Wissens, alles Lernens. Non multa, sed multum! Nicht in oberflächlicher Expansion, sondern in gründlichem, tiefem Eindringen, im vollen Beherrschen eines wenn auch engren Gebiets liegt auch der *Umfang* des Wissens, der Bildung. Denn dieser Umfang ist nicht räumlich, sondern *vier*dimensional. Die Intensität ist seine wichtigste Dimension. Hast Du ein Gebiet fest erobert, so kannst Du, von dort aus sicher orientiert, dort fest angesiedelt, die Welt überblicken, die Welt beherrschen. Was hat ein Wissen, das kein Wissen ist, für eine andre Wirkung, als zu verwirren statt zu klären, zu schwächen statt zu kräftigen!

Gerade Latein u. Mathematik sind ungemein wichtig. Von höchstem Bildungswert für den Verstand! Bedeutsamste *Gradmesser* für die Reife des Verstands, des Scharfsinns, des Gedächtnisses. Ganz ungeachtet ihrer Wichtigkeit für die allgemein-wissenschaftliche Entfaltung des Geistes.

Von S. erfuhr ich, daß die Versetzungsarbeiten gut ausgefallen sind. Hoffentlich stimmt das. Wenn Ihr mich in etwa 3 Wochen *besucht*, bringt die Z e u g n i s s e mit. Ich will mich genau unterrichten.

Vor allem: Wenn auch die Klippe jetzt umschifft ist – das genügt *nicht!* Ich will u. fordere, daß in Zukunft die *Gefahr* vermieden wird; ich will, daß von nun an auch nicht einmal vom ängstlichen Gemüte die Sorge geäußert werden darf, ob nicht Gefahr bestünde: Es soll, es muß alles glatt gehn! In Deinem, in Sonjas, in meinem, in unser aller Interesse. Das fordert das primitivste Ehrgefühl, gerade in unsrer jetzigen Situation. Ich hoffe, Du siehst das ein. Und beherzige:

»Willst Du, mein Sohn, frei bleiben, so lerne was Rechtes und halte Dich genügsam und nie blicke nach oben hinauf!«

Nach oben – d.h. zu den Reichen u. Bequemen: denn Dein Leben soll u. wird Arbeit u. Kampf u. Mühe sein; nicht Sonnenscheinbehagen.

Aber gerade darin soll u. wird Dein *Glück* liegen. Das soll das Goethesche Distichon sagen. Du mußt lernen, daß die Menschen nichts andres sind als eine höhere Art von Tieren. Jeder voll Schwächen u. Kräften, voll des »Guten« u. des »Bösen«; daß sie *naturgeschichtlich* zu betrachten sind; daß die Aufgabe des Menschen, der sich bewußt ein höheres Ziel setzt u. der von seinem Inneren vorangetrieben wird, das Edle zu fördern, daß dessen Aufgabe ist, sich mit allen seinen Fähigkeiten, mit seinem ganzen Wesen hinein-zuwerfen in das gewaltige Ringen um die Höherentwicklung der Menschheit, die Befreiung der Massen, um die Wohlfahrt aller. Der Krieg u. die vielen Mängel der Welt plagen u. bekümmern Dich – jawohl – sie müssen jedes Gemüt um-düstern; aber aus *der* Nacht gibt's Rettung, nur *eine* Rettung freilich: *den Entschluß, die Beseitigung dieser Übel sich zum Lebenszweck zu setzen*. Nur *das* Leben ist unmöglich, das alles laufen lassen wollte, wie es läuft. Nur das ist möglich, das sich selbst zu opfern bereit ist, zu opfern für die Allgemeinheit.

Sagt es niemand, nur den Weisen
Weil die Menge gleich verhöhnet,
Das Lebend'ge will ich preisen,
Das nach Flammentod sich sehnet.

Und solang du das nicht hast,
Dieses: Stirb und Werde!
Bist du nur ein trüber Gast
Auf der dunklen Erde.

Mein Leben war bisher, trotz allem, *glücklich*, gerade in den Zeiten, in denen ich am heißesten zu kämpfen u. zu »leiden« hatte. Und so wird's Dir sein. Das ist *unser* Krieg! Verstehst Du?

*Tierskizzen von Robert Liebknecht für seinen Enkelsohn Lucas,
siebziger Jahre*

Du sollst nicht über Deine Bedenken hinweghopsen – Du sollst nicht auf meine Worte hören – Du mußt alles von Grund aus durcharbeiten, selbst für Dich – durchfechten – könnt' ich dauernd bei Dir sein, viel könnt' ich Dir helfen. So wirst Du mir schreiben – *stets darfst* Du's, wenn Du mich ernstlich brauchst! Nie fehle ich Dir. Aber hab auch Vertrauen zu Sonja! Sie verdient es, von Euch als Mutter betrachtet u. geliebt zu werden; sie verdient das reinste Vertrauen u. sie ist edel u. tief in ihrer Seele – so daß sie Euch den edelsten u. tiefsten Trost bieten kann.

Und seid gut zu ihr, herzlich gut; ich bitte Euch.

Schreibt – noch bevor S. verreist – einen *herzlichen Brief an S.'s Mutter* – (auch Sylvia u. Mira, Irene u. Marianne sind bei ihr!) – denkt, wie gut sie zu Euch war u. ist, u. was sie in diesen Jahren Böses, Schweres erlitten hat; schreibt ihr gute Worte.

Schreibt auch an *Etty*, deren Schwester Doris starb – u. grüßt u. kondoliert herzlich von mir; vergeßt auch Tante Hedwig u. Isy, Guste etc. nicht – u. schreibt den beiden Kurts, Thedel, Willi Par.

In 3 Wochen ca. werde ich Euch hier haben – ich erwarte Euch gesund u. voll guter Nachrichten.

Um mich keine Sorge. Ich hatte sogar ein paar (2) Wochen täglich $^1/_2$ Liter Milch. Und wenn man friert, macht man Freiübungen, u. abends geht's früh ins Bett. Ich *muß* schließen – Brief wird abgeholt –

Küsse, Küsse, Küsse

Dein Papa

Grüße allen. Alles Beste.

All Deine Sorgen möchte ich Dir fortküssen – fortscheuchen – mein armer kleiner Kämpfer! Nun, in dem Kampf siegen wir!

Ihr sollt die *Matthäus-Passion* hören – in *klassischer Aufführung!* –, das wundervollste Werk auf dem Gebiet des Oratoriums. Die Noten hatte ich im Militärarrest. Studiere sie vorher. Nicht ganz leicht zu verstehn. Kontrapunkt u.

Fuge - sieh im Musiklexikon nach, was das ist. Gleich der erste Satz: 8stimmiger Chor nebst Cantus firmus; durchblickt man das Zaubergewebe, ist man bezaubert vor Seligkeit. Nichts Süßeres, Zarteres, Rührenderes u. - in den Volksszenen - nichts Großartigeres kennt die Musik.

Lies *Faust*, Dichtung u. Wahrheit ! Hermann u. Dorothea! u. *Egmont*, mein Kind - lern ihn auswendig.

Lies *Schiller*, er ist viel größer, als Du meinst; ich schlürfe ihn gerade wieder ein. *Herders Cid!*, »Stimmen der Völker in Liedern«.

AN ROBERT

Luckau, den 18. März 1917

Mein kleines liebes Böbbelchen!

Das ist ein verquerer Briefbogen - aber Du wirst mir nicht bös sein. Ich freue mich der guten Nachricht aus der Schule, die Du am 8. 3. schreibst. Ist sie auch ganz zuverlässig? Wenn Ihr nach Ostern kommt, müßt Ihr die *Zeugnisse mitbringen*: dann werden wir prüfen u. entscheiden.

Die Hauptsache aber ist u. bleibt: Solche Zweifel, solche Schwankungen, solche *Unzuverlässigkeiten* wie in der letzten Zeit in der Schule, *dürfen* in Zukunft *überhaupt nicht mehr* vorkommen! Wir können *diese* Unruhen *nicht auch noch* gebrauchen; ein für allemal nicht. Es ist ein *unwürdiger Zustand*, wenn ein Kerlchen, wie Du, durch die Schule wackelt, wie ein Kind, das zum ersten Mal Schlittschuh läuft; u. seinem Schöpfer dankt, wenns zufällig grad noch ans Ziel kommt. Ich will nicht, daß wir künftig noch mahnen müssen: Ihr müßt selbst von selbst das Nötige tun. Mein jetziger Zustand enthebt Euch nicht der Pflicht, sondern vermehrt Eure Pflicht, peinlich Eure Schuldigkeit zu tun: das erleichtert mir u. Sonja die Last, ist ehrenvoll u. allein Euch zuträglich für das Leben.

Daß Du Dich der Schmetterlingszucht außerdem widmest, freut mich sehr; aber ich erwarte, 1) daß Du dazu nur die

Mußestunden benutzt, sodaß die *Schule* nicht leidet; u. auch nicht Deine sonstige geistige Fortbildung; 2) daß Du die Schmetterlinge gut behandelst, sorgfältig u. kunstgerecht präparierst u. verwahrst; 3) daß Du zum *Raupen*ziehen übergehst, sobald die Jahreszeit weiter ist: so kommst Du der Natur näher; siehst, wie sich eins ins andre fügt – Tiere, Pflanzen miteinander leben – sich bekämpfend, sich unterstützend u. ergänzend; wie die leblose Natur, Wetter u. Jahreszeiten, der lebendigen Welt gleichfalls bald fördernd, bald feindlich gegenüberstehn; wie die Begriffe der Schädlichkeit oder Nützlichkeit für den Menschen gar schwankend u. willkürlich sind.

Daß Du ein Kapitalist von 30 Mark bist, erschreckt mich fast. Nun, der Wert des Geldes ist leider ungemein gesunken; u. wird nie wieder so hoch steigen, wie vor dem Kriege. Also sei doch noch bescheiden u. sieh nicht allzu hochmütig auf uns arme leere Beutel herab.

Was liest Du jetzt? Hab ich Euch geschrieben, daß ich hier mit Jeremias Gotthelf (Pfarrer Bitzius) »Uli der Pächter« bekannt wurde? Ein wirklich gutes Buch. Wenn ich nicht irre, hast Du es gelesen u. mir davon erzählt? *Nansen* u. *Sven Hedin* sind gut – u. wichtig für Dich. Wegen des *Stils* bedenke aber, daß beide *übersetzt* sind.

Vielleicht wirst Du mit Helmi in die *Matthäus-Passion* gehn (mit Tante Alice oder Sonja): dann müßt Ihr aber *vorher* den Text u. die Musik genau ansehen, damit Ihr möglichst viel versteht. Ihr bekommt ein Werk zu hören, dem keines in der ganzen Welt überlegen ist; u. in einer musterhaften Aufführung, an die Ihr Euer ganzes künftiges Leben denken werdet. Also nicht leichtsinnig darauflos, sondern gründlich vorbereitet.

Zu Deiner Reise nach *Frankfurt* viel Glück: vergiß nicht, Dir dort – außer dem Römer u. dem Goethe-Haus u. – Erinnerungen – auch die *Paulskirche* anzusehn: Dort tagte *1848* das *erste deutsche Parlament*. Der *Vater Eurer Großmutter* (Hof- u. Gerichtsadvokat Carl Reh, dessen Bild Onkel Thedel im Büro hängen hat) war dort *Abgeordneter*, u. sogar *Präsident*: laß Dir seinen Platz zeigen.

Für die Aufklärung wegen Mausi's Klopfstock danke ich Dir; ich hatte wirklich an den Dichter Friedrich Gottlieb Klopstock (geboren 1724) gedacht.

Wegen des *Schlittschuhlaufens* mahne ich nochmals: seid **vorsichtig**! Man wird noch auf den Seen fahren, das Tauwetter hat ja das Eis noch längst nicht zerstört, Strom u. Bäche sind noch längst nicht »unter des Frühlings holdem belebendem Blick« »vom Eise befreit«; u. der Moment, in dem es brüchig u. gefährlich wird, ist schwer zu bemessen; u. die *Fischerlöcher* bilden eine heimtückische Gefahr!

»Siehe, schon nahet der Frühling, das strömende Wasser verzehret

Unten, der sanftere Blick oben der Sonne das Eis«.

Aber bald wird es wahr sein:

(der Schlittschuhläufer!)

»Dieses Geschlecht ist hinweg, zerstreut die bunte Gesellschaft; Schiffern u. Fischern gehört wieder die wallende Flut.«

Merke Dir diese schönen Goetheschen Distichen (aus den »Vier Jahreszeiten«).

Nun muß ich schließen - ich küsse Dich viel vielmals, mein Jung! Sei brav u. gut zur guten Sonja u. wenn sie fort ist, schreibt ihr regelmäßig u. seid artig zu Alice.

Dein Papa

Schreibt Tante **Etty** (Königsberg, Mozartstraße Nr.? Fragt bei Tante Guste).

Schreibt gleich an Sonja's arme gute Mutter - einen guten Brief - noch bevor S. verreist. Dring Du selbst darauf! - ihre Schwester Doris ist gestorben - grüßt sie u. kondoliert ihr auch herzlichst von mir!

Den *Osterluzeifalter* kenne ich sehr wohl! Auch die andern Edelfalter? Dein *Präparierversuch* am *Kaninchenkiefer* macht mir Freude - aber das *rechte* Präparieren ist doch etwas komplizierter. Besucht auch *Tante Hedwig*!

Und grüßt auch sie u. Lene u. Grete, sowie *Isy u. Auguste*
allerbestens von mir
   Schreibt **Onkel Curt**! Und Willi Paradies.

Euer Besuch hier wird, wenn Du nach Frankfurt fährst,
erst *nach* Ostern sein können! Onkel Willi u. Otto wollen
mitkommen – ich freue mich! u. grüßt auch diese von mir
vielmals.

AN VERA

Luckau, 18. März 1917.

Mein kleines süßes Mausi-Mäuschen!
Dein Brief vom 7. Februar – jetzt schon bald 6 Wochen
alt! – war sehr fein. Wenn auch die Lehrerinnen in der
neuen Schule streng sind, paß auf, bald wirst Du eingewöhnt
sein. Nur fleißig u. artig sein, dann werden Dich die Lehrerinnen bald liebhaben. Nun – zu Ostern, wenn *Ihr mich
in etwa 3 Wochen besucht* – werde ich Eure **Zeugnisse**
sehn: **nicht vergessen**!
   Also Du warst in »Wilhelm Tell«! Ja, man muß [schon?]
wenn es irgend geht, was man auf dem Theater [sehen?]
will, vorher durchlesen! Das machte ich im November 1915
[auch?] mit den Jungen so, im Lazarett, als sie im »Sturm«
von Shakespeare waren. Das Schnellsprechen wirst Du bald
verstehn lernen; das ist nur Übung. Du bist ja noch so klein:
Am 24. April wirst Du ja erst 11 Jahre! *Ich gratuliere Dir
schon heute im voraus dazu*. Werde ja inzwischen nicht
mehr schreiben können. Und schenke Dir schon jetzt 100
wohlabgezählte Extra-Küsse – sonst hab ich leider nichts!
   Daß Deine Zähne schlecht sind, beunruhigt mich. Es
kommt von der schlechten Ernährung – aber auch von
schlechter Pflege: putze sie ordentlich, jeden Tag 2mal.
Und iß u. trink nicht zu heiß u. nicht zu kalt.
   Wegen der **Eisbahn** jetzt Vorsicht – bei dem Tauwetter!
Lies, was ich Bobbi schrieb!

Den kleinen neuen Vetter Carl Otto hast Du nun wohl begrüßt – gefällt er Dir?

Die Bücher lies fleißig; Reinicke's Märchen kenne ich; »Klopfstock« nicht, auch nicht das »Sonntagskind«, aber die Schulbibliothek wird doch nur gute Bücher haben. Du weißt aber, daß wir selbst sehr viele gute Bücher haben.

Ja, so ein Flechtspiel u. das Auskriechen von Schmetterlingen macht viel Freude.

Auch Du wirst Ostern vielleicht nach Frankfurt fahren? Ei, um so besser! Frankfurt ist sehr schön. Aber vielleicht wartest Du diesmal noch.

Und bald nach Ostern kommt Ihr zu mir – ich freue mich schon so ungeheuer darauf, Euch, meine kleinen Kerlchen, wieder zu sehn u. zu küssen.

Haltet Euch nur recht gesund, u. bringt gute Zeugnisse mit und die Nachricht, daß Ihr artig wart u. allen Freude macht.

Dann wird unser kurzes Wiedersehn dreifach schön sein.

Lies diesen Brief [in Deinem?] »abgeschlossenen Eckchen«, das sicher sehr gemütlich ist u. in dem ich Dich gar zu gern einmal hocken sähe; u. von dem aus ich gar zu gern einmal die *Poschinger* Straße hinuntergucken würde – die ganze Gegend ist mir ja noch unbekannt. *Schreibt bald an Tante Etty* in Königsberg (deren Schwester Doris gestorben ist) – u. grüßt sehr von mir; ebenso *Tante Hedwig* u. Guste u. Isy.

Natürlich auch alle andren, die in Berlin sitzen: Onkels u. Tanten.

Schreibt Onkel Kurt u. Kucke, u. Thedel u. Willi Paradies.

Schreibt **vor allem** auch Onkel Adolf – Sonja's Bruder – u. **Sonja's Mutter**! bei der doch auch Mira u. Sylvia, Irene u. Marianne sind.

[Am Rand des Blattes:] Noch bevor Sonja verreist.

Ich küsse Dich viel vielmals mein süßes Nesthäkchen – auf Wiedersehen!

Dein Papa

Mausi schon heut Geburtstagsküsse u. viele Wünsche u.
sonst noch mancherlei?

Wann werd ich mein Mausichen wiedersehn?

Freiübungen! Frische Luft!

Keine kalten Füße! Kein kalter Leib!

AN VERA

Luckau, 21. 4. 17.

Mein liebstes Herzens-Mause-Geburtstagskindlein!

Wenn Du's auch erst *nach* dem Geburtstag bekommst –
Du sollst doch das schwarz-auf-weiße Zeichen haben, daß
ich heut schon an das Geburtstagskind gedacht hab und
am 24. daran denken werde – aber was will ich – bin ich
in meinen Gedanken nicht *immer* bei Euch allen, also auch
bei meiner Vera-Maus?

Einen Geburtstagskuß kriegtest Du am Mittwoch schon,
jetzt schick ich noch einige Dutzend nach – just so viel,
wie das kleine spröde Fräulein vom Papa irgend ertragen
mag.

Und die Wünsche sind so gewichtig, ernst und zahlreich,
daß sie aufzuzählen dieser Bogen und noch mancher dazu
nicht ausreicht.

Die Geschenke und die Feier werden dieses Jahr freilich
noch bescheidener sein müssen als die letzten zwei Jahre.
Das versteht aber Vera-Klein, die im Begriff ist, Vera-Groß
zu werden. Und Springinsfeld, der sie ist, wird sie schon
dafür sorgen, daß trotz alledem und alledem an Freud und
Lust herausgeholt wird, was menschenmöglich. 11 Jahre alt –
Eintritt ins 12! Und in 2 Jahren **Back**– (nicht: Bock–) Und
ein Backfisch!
bald – aber das ist all nicht auszudenken.

Bleiben wir bei der Gegenwart.

Leider kam es am Mittwoch zu keiner ruhigen Mitteilung
und Unterhaltung – mit Euch Kindern. So gern hätt' ich

mir von Dir u. Bobb näheres von Eurer Frankfurter Reise berichten lassen und was Ihr jetzt lest und sonst treibt.

Bald kommt ja *Euer Brief* – in etwa 2 Wochen. Schreibt mir da alles recht genau: Geburtstag, Reise, Schule (Stundenplan, Schulbücher! Und wie Euch die Lehrer gefallen u. was Ihr leistet), wie's zu *Haus* geht – auch von *Hilma*, die Ihr von mir sehr *grüßen* sollt! – Freundinnen u. Freunde, Verwandte, Bücher usw. Nicht wahr?

Es ist Samstag Abend; ein Hagelschauer peitschte eben nieder; jetzt scheint die Sonne – die Vögel zwitschern vor meinem Fenster – Buchfink u. Star, Rotkehlchen und Goldammer (zizi deeh), Amsel, Drossel und Grasmücklein, Meise und sogar Pirol (Vogel Bülow); dazu die wilde Taube und dann [und] wann auch ein Eulenschrei; und die lustigen schwätzenden Dohlen – zuweilen von der grämlichen Krähe zur Ordnung gerufen –

Ein Hund bellt in der Ferne, Kindergeschrei und Gejubel flattert durchs Gitter. Freilich *sehe* ich weder Vögel, noch Hund, noch Kind.

Und kühl ists. Es wird wieder düster, neuer Hagel droht. Nun zum Teufel – wir lassen uns den Humor nicht verderben – nicht wahr, mein Kerlchen? Ich küsse Dich nochmals u. nochmals – feiert nach Kräften! – Alles alles Gute allen allen Verwandten u. Freunden.

Dein Papa

AN WILHELM

Luckau, 22. 4. 17.

Mein Helmi-Jung!

Ich verkündige Dir große Freude; große Freude für mich und ich weiß auch für Dich: der Herr Direktor hat erlaubt, daß *Du* mich im Mai einmal extra besuchen darfst und daß wir uns allein aussprechen dürfen. Ich habe um diese Erlaubnis gebeten, weil es absolut nötig ist, daß wir zwei uns wieder ganz und fest und ohne Vorbehalt zusammenfinden, daß Dein Papa Dich und Du Deinen Papa aller konventionellen Schleier ledig betrachten, kennen und verstehn ler-

nen kannst und das grenzenlose Vertrauen zueinander ge-
sichert wird, das gerade in unserer heutigen Lage und in
Deinem jetzigen Sonn-Wend-Zustand mehr wie je Lebens-
notwendigkeit für uns ist. Ja, Du, mein Ältester, auf den
ich und so viele andre so große Hoffnungen setzen, Du
darfst und kannst mir nicht fremd werden – nicht mit einer
Faser. Und Du darfst u. wirst Dich nicht verirren und verlieren in der Wildnis, als die Dir jetzt plötzlich, fast unver-
mittelt, Welt und Leben das Äußere und Dein Inneres, Um-
u. Inwelt gegenübertreten. Endlich mußt u. wirst Du Dich
mir ganz ganz geben, wie Du bist, mit allen Deinen Gedanken u. Gefühlen – *mir* geben, Deinem Vater, der das alles
alles, mag's auch verworren, dumm, schlecht, unrein u.
wer weiß was scheinen, ganz ganz versteht und Dich lieb
hat, wie ein Vater seinen Sohn nur lieb haben kann.

Den Tag des Besuchs magst Du – natürlich in Alices
Einverständnis – wählen – Mitte Mai vielleicht; Du kannst
mir dann ja gleich neuen Vorrat mitbringen; wenn auch
schon vorher noch einmal geschickt werden mag, falls
Entbehrliches aufzutreiben, – denn es ist unsäglich, wie
rasend schnell scheinbar große Massen verschwinden in
einem Magen, gegen dessen Hunger der hungrigste Solda-
tenmagen wie ein Fingerhut ist gegen das Heidelberger Faß;
was ich mit mir nahm am Mittwoch, ist heut schon fast
vertilgt u. ein Teil des Brots dazu. Mit Kuchen, Pudding,
Plinsen usw. ists besonders toll. Torten – wie alles geschmeckt hat – ich kanns nicht beschreiben. Sagt den Spen-
dern, Verfertigern usw. insgesamt, daß ich ihnen intensivst
danke. Im übrigen ists mir mit Fischwurst u. dgl. keineswegs
Scherz gewesen. Auf Qualität kommts mir wahrlich nicht
an. Man weiß nicht, wie lang die Gelegenheit andauert –
il faut profiter de l'occasion.

Noch einiges: Du erzähltest von Nr. 4, ich denke Spart.,
schreib im Maibrief – der natürlich auch Deine Pflicht bleibt
(ich erwarte näheres über Stundenplan, u. Schule – aber
auch *Astronomie* (welcher Art Deine Studien darin etc.) –
u. Freunde (Sonne)) – darüber Näheres, – ob ich recht
»denke« und **welcher Inhalt**. – Bald ist der Jahrtag des

Beginns meiner Muße. Ich hoffe, die Freunde werden ihn, trotz meiner Abwesenheit feiern, schöner als je - sag ihnen das - Lenchen u. den anderen u. sag ihnen: ich rufe Fiducit! Und wie gern wär ich dabei. - Sorge macht mir noch die Zeitungsfrage. Weißt Du denn, wie Du u. wo Du die zurückgesandten Zeitungen zu behandeln hast - wo aufzuheben usw., damit nichts verloren geht - Du darfst nie vergessen, wie wichtig mir gerade jetzt die Zeitungen sind, für jetzt u. später - nach dem 4. 11. 1920.

Über die Bibliotheks-Obstruktion bin ich untröstlich. Ich weiß ja, daß die andern, außer Sonja, die Sache nicht fördern, weil sie ihnen so nicht paßt. Mir ist sie natürlich nicht persönlich - sondern *sachlich* wichtig - und jene halten's für eine persönliche Affäre: darum bleibt sie links liegen. Ich kenne diese Art von früher her - vom vorigen Jahr. Nun - ich bin hilflos. - Wie aktuell ist »Nessus« (vom August **1915**, das Datum ist absolut nötig u. nicht zu vergessen!!)

Wie leid mir's tut, daß ich den Kirschsaft verschmähte.

Habt ihr an Sonjas Mutter u. Geschwister geschrieben?

Und an Etty?? Tyrannisiere Bobbi nicht!! In der Schmetterlingsfrage laß Bobbs Willen!!

Grüßt Mathilde u. Wanda etc. sehr.

Grüßt auch Isy u. Guste - u. Lu. u. Gertrud u. Hans u. Wims u. alle Freunde usw. Vergeßt auch Tante Hedwig u. Wanda nicht. Ich küsse Dich u. Euch alle

Dein Papa

An Wilhelm

Luckau, 10. 6. 17
(am 219. Tage; vorgestern $^1/_2$ Jahr *hier*!).

Liebster Helmi-Jung!
Nur kurz heut - ich kann nicht erklären - es fehlt die Zeit: Holland! Ich weiß, Ihr - besonders auch Du, werdet mit

Begeisterung einschlagen; vom schon Geschriebnen abgesehen: Ihr kommt durchs Industriegebiet – jedenfalls muß die Bahnfahrt über Dortmund – Essen – Düsseldorf oder Oberhausen genommen werden, u. wenn Ihr nicht aussteigt, das *Umsehen allein schon gibt kollossale Eindrücke* – (überhaupt bei der Bahnfahrt dauernd zum Fenster hinaussehn – u. zw. *nach beiden* Seiten!); auf der Rückfahrt ev. Köln – mit dem Dom, den hochwichtigen uralten z. T. noch romanischen u. vorromanischen Kirchen, dem gotischen Gürzenich etc. – u. eine Rheinfahrt – u. wenn auch nur bis Bonn (Siebengebirge) – der Rhein ist der schönste Fluß der Welt, trotz des Hudson. Aber nur *eventuell! Kein* Bestehen darauf, wenns Schwierigkeit macht; u. wenn's geht, so *nur* im Fluge, Eisenbahn oder Schiff, ohne Aufenthalt: denn die Hauptsache bleibt Holland, wegen der Ernährung **(sehr** wichtig!) u. des Landes selbst (Städte, Sprache usw.). Wenn nur der Paß gelingt!

Nochmals: keine Zänkerei, keinen Konflikt über diese Reise. Alice u. Sonja entscheiden allein. Das *Mögliche* geschieht. *Nicht zuviel auf einmal wollen – Ihr seid noch* jung u. könnt viel aufheben.

Warst Du neulich in Senftenberg? Das Braunkohlenrevier mußt Du kennenlernen. Mach's das nächste Mal, falls nicht neulich. Andres Ausflugsziel: Lausitzer Höhen: Finsterwalder Bahn bis Bahnhof Beesdau; dann zu Fuß: Fürstlich Drehna (über Stiebsdorf) ($^1/_2$ Stunde) … Krinitz ($^3/_4$ Stunde) – ev. Abstecher nach den Bergen (Aussicht) … Gabow (1 Stunde) … Weissagk ($^1/_2$ St.) … Wendisch Drehna (2 St.); ev. bis Gehren (Bahnstationen an Berlin-Dresdner Bahn).

Nun zu Deinem Brief vom 3. 5.: Der arme Erwin – aber es darf nicht sein, es wird sich hindern lassen; sag Wanda meine Meinung u. grüße sie u. die Ihrigen sehr herzlich.

Ist der junge Klaviervirtuos u. Komponist nicht der junge Komponist einer jüngst in Dresden [?] aufgeführten Oper (wenn ich nicht irre) – Sohn eines Wiener Musikkritikers?

Deine Astronomie-Studien scheinen sich nur auf Sternentopographie zu erstrecken. Das ist auch wundervoll – nur nicht genug: es wird erst lebendig, wenn man die Bahnen, die Bewegungen, die Entfernungen, die chemischen Zusammensetzungen, die Spektralanalyse u. ihre Leistungen, die physikalischen Gesetze usw. kennt – soweit wir sie bisher kennen. Die naturwissenschaftliche Einsicht steigert auch den ästhetischen Genuß. Kant nennt den Sternenhimmel über uns u. das moralische Gesetz (Sittengesetz) in uns die beiden erhabensten Erscheinungen. Betrachte mit dem $\frac{\text{4fache Vergrößerung}}{\text{Opernglas}}$ (das ich in Glatz vortrefflich astronomisch verwenden konnte) die $\frac{\text{mit Gamma}}{\text{nördliche Krone}}$ u. ihre Umgebung – da gibts auch Überraschungen, wie bei den Plejaden. Es kommt bei alledem freilich immer ganz auf die Klarheit der Luft an, von der der Glanz abhängt. (Das Opernglas ist reparaturbedürftig – ein Glas locker!) – An *Etty* ist hoffentlich geschrieben?

Kopf hoch, Jung! Bald sehn wir uns – jedenfalls vor der Reise. Fleißig. Denk an mich, u. wie lieb ich Euch hab. Seid gut zu Alice! Schreib Sonja –

Ich küsse Dich vielmals –

Dein Papa, dems gut geht u.
alle Vögel singen!

Über die Bibliothek usw. schrieb ich vor einer Woche an Alice. Schickt mir **Salz**, ich hab kein Körnlein!

Baedeker für Holland ist da. Studiert ihn vorher – besonders die Einleitung. Kauft einen kleinen **Sprachführer** u. studiert auch ihn. Holländisch ist *sehr leicht. Meist* sprechen die *Leute auch deutsch*!!

An Robert

Luckau, 10. 6. 17.

Mein Herzensböbbchen!
Dein Brief vom Mai u. »Plüsch u. Plum« (wo übrigens nicht nur $\frac{\text{statt } \textbf{frech} \text{ (richtig!)}}{\text{»fresch«}}$, sondern auch hoffendlich

(statt **hoffentlich**) steht!!!!!) liegen neben mir. Das Di-
   (richtig!)
plom für Dein famoses Werk ist in Deinen Händen. Du hast
recht: beim Kopieren lernt man den Künstler in Vielem,
und nicht nur Technischem, erst recht gründlich kennen;
schon weil man ihn dabei ganz gründlich genau betrachten
muß. Hast Du schon nach der Natur gezeichnet? Wenn Du
das übst, kannst Du Dir, trotz der Photographie, viel Nutzen
u. Freude verschaffen – schon auf der künftigen Holland-
fahrt. Und nicht nur Dir, sondern auch andern. Nimm nur
Skizzenheft (ein richtiges) usw. in handlicher Größe mit.

Wie michs freut, daß Du Freude an der Natur hast; in
den botanischen Garten gehst, Käfer u. Schmetterlinge
systematisch sammelst, Raupen ziehst usw. Der Nagelfleck
ist ein famoser Kerl. Sehr tüchtig ist Deine Teilnahme am
Turnen (Schlagball-, Paarlauf-Riege etc.), u. das Interesse
an Chemie. Macht Dir die *Musik* keinen großen Genuß?
Kommst Du da gut voran?

Du sangst doch früher so gern u. so schön – bewahre
das. Übe Dich mit Helmi u. Vera zusammen. Laß Dir von
Alice erzählen, wie sie, als ich klein war, viel mit mir
zusammen sang.

Habt Ihr Isy u. Tante Hedwig gesehen? Und an Etty geschrieben? Deren Schwester Doris doch gestorben ist!

Schreibt Ihr dann u. wann an Onkel Thele, Curt u. Kucke?
Vor allem regelmäßig an Sonja –. Und öfter an *Sonja's
Mutter*, die *Ihr nun wahrlich Großmutter nennen müßt*;
nicht wahr?

Ihr versteht, welche Sorgen Sonja um ihretwillen hat.
Und wie viel, wie alles ihr die Mutter ist. Ich hoffe, daß
sie erholt u. gekräftigt zurückkommt – seid dann herzlich
gut mit ihr u. rücksichtsvoll; die Erholung muß lang vor-
halten.

Die *Hollandreise* ist so großartig – daß ich Euch fast
beneiden könnte. *Sie geht natürlich allen andren Projek-
ten* vor – ich hoffe *auch Du hast* das eingesehen – Dein
Wanderplan war sowieso kaum realisierbar. – Sonja u. Alice
allein bestimmen – nicht wahr, mein Kind, Du verstehst?

Ich bin wohl - leb wohl - viele viele Küsse mein guter
Herzensjunge -

Dein Papa

Bereitet Euch etwas auf die Reise vor (Baedeker, *Sprachführer*). Schickt mir **Salz**; ich hab kein Körnlein!

[Auf beigefügtem Zettel:]
Ein paar Zeichnungen zu Brentano's Gockel u. Hinkel oder
Baron Hüpfenstich, oder Klopfstock oder Murmeltier ver-
suchen - aus freier Phantasie; als kleine Übung und Probe.

Für Böbbchen.

Nie vergessen,
»Daß die Muse zu begleiten,
Doch zu leiten
Nicht versteht.«
(Goethe).

An Vera

Luckau, 10. 6. 17.

Mausi-Mäuschen Du -
Liebstes - Dein letzter Brief war kurz - »lakonisch« sagen die
gebildeten Erwachsenen -; nicht mal von dem »furchtbaren
Schnuppen« schriebst Du, den nur Bobb erwähnte. Dabei
gab er den Geburtstags- u. den Frankfurter Reise-Bericht. Nun
soll es ja gar nach Holland gehn - Donner u. Doria! Was wirst
Du für Augen machen, u. für Ohren - ob der fremden Sprache,
die Du rasch lernen wirst; u. was für einen Mund - ob der
Riesenmassen köstlichster Eßwaren, unter denen sich die
Tische biegen werden! Ich kann mir Eure Freude u. Ungeduld
ausmalen! - Ihr müßt nur verständig sein u. nicht maulen
über die Anordnungen der Erwachsenen.
    Nun, wir sehen uns ja noch vorher hier. Schon bin ich
darauf gespannt, wie ein Flitzbogen.

Die Lehrerin wird Dich inzwischen, so hoffe ich, leiden gelernt haben; so daß Du öfter rankommst; wenn Du dann nur auch immer alles *weißt*!! Denn *das* ist der »Zweck der Übung«. Deiner Vorliebe für Erdkunde kommt ja die Hollandreise sehr gelegen.

Die Frankfurter haben eine schöne Villa? Sieh da – die in der Cronstettenstraße, die ich zuletzt im September 1914 sah, haben sie doch verkauft.

Nun, mein Kerlchen – Schluß – schreib an Sonja – sei artig u. gut – u. fleißig – geh' viel ins Freie.

Ich küsse Dich, kleiner Wildfang –

Dein Papa

An Wilhelm

Luckau, 7. 7. 17.

Mein liebster Herzens-Helmi-Jung!
Das ist ja eine famose Nachricht, die ich eben von Sonja krieg. Wie zerbrach ich mir gestern, die Nacht, heut den Kopf grad über Dich u. was Dich armes Kerlchen so quält u. zerreißt, u. wie ich Dich jetzt bei mir haben möchte, Dich ganz allein viele Tage u. Wochen lang, um mit Dir wieder ganz eins zu werden u. Dir zu helfen, daß Du mit Dir selbst wieder eins wirst. Über die Schule u. Deine Hilfsdienst-Pflichtigkeit u. über das allernächste: die Ferien. Und grad gestern abend, als ich eiligst an Willi schreiben mußte, kam mir die Idee: ob Du nicht zu Hofer nach Ostpreußen (Pleinlanken) könntest; u. ich schrieb davon an Willi. Und kaum ist der Brief fort, höre ich: daß Du zu Rühle ins Erzgebirge kommen wirst. Das ist ja noch viel schöner als Pleinlanken. Wie herrlich wars in Oberwiesenthal u. überall, wohin wir im Erzgebirg wanderten – weißt Du noch unsere Tour ins Egertal usw.? Frau Rühle kenne ich, sie ist eine reizende u. gute Frau, die Dir von Herzen freundlich sein wird; sie wird Dir aus- gezeichnet gefallen u. Rühle, er, ist doch auch ein Mensch, mit dem sich so nett leben läßt. Und Du wirst *nicht* gebunden sein. Ich

schreibe vielleicht auch noch an Rühle. Du kannst für Dich sein, soviel Dir beliebt. Das ist göttlich. Wandre, verkriech Dich wie ein »Schuhn in Höhlen u. Felsenritzen«; lies, was Dir paßt; studiere usw. Der Herrgott in Frankreich konnte nichts Bessres haben. Nicht wahr, mein Kind - darüber sind wir einig? Du wirst - »Topp!« - einschlagen; ohne mit der Wimper zu zucken? Ich kann nicht verstehn, wie S. auch nur die Spur eines Zweifels daran hegen kann! - Helmi, ich bitte Dich, nimm Dir vor: Ja« wird gesagt, u. kurz u. gut - selbst wenn der Widerspruchsgeist in mir nein sagen oder Querelen machen möchte.

Rühle wird Dir doch auch interessant sein. Du wirst vielerlei Anregungen finden. Was immer das Herz begehrt - ohne jede Bindung. Also abgemacht - nicht wahr?

Und am *11. spätestens* fort - warum *erst* am 11.? Jeder Tag früher ist gewonnen. In *1* Stunde wäre alles zu packen u. zu arrangieren, wenns drauf ankäme. Betrachte Dich als Soldaten beim Alarm.

Ich *muß* mich drauf verlassen, daß Du dieses Projekt ohne Sträuben, ja mit Begeisterung packst; mit Begeisterung, glaub mir, das verdient es. Ich übernehme alle alle Verantwortung - für jedes Sonnenstäubchen, das dort auf Deine Wünsche u. Hoffnungen fallen sollte. Also nochmals, abgemacht! Ich verlaß mich darauf!

Ich muß eilen - damit Ihr den Brief morgen habt.

Viel Glück u. gute Erholung - grüß Rühle's vielmals.

Bobbi sag noch, daß er für seine Schmetterlinge (Puppen, Raupen, Eier) wohl sorgt - nichts soll zu Grund gehen, am besten gibt er alles in Pension beim Schmetterlingshändler.

Hast Du von hier noch einen Ausflug gemacht? Ich hoffe!

Nun, morgen wirst Du zurück sein. Und dann frohes Gesicht - ja gesagt u. hurrah - in die Welt hinein - ins Erzgebirge, das Du nun ganz gründlich kennenlernen wirst.

Ich küsse Dich viel vielmals - sei frischen Muts - könnt' ich Dir den in die Seele gießen - aber »frische Nahrung, neues Blut« wirst Du aus den Bergen u. Wäldern saugen - Wie ist Natur so mild u. gut, die auch Dich am Busen hält! Grüße u. Küsse überall -

Bobb gute Fahrt u. viel Glück usw. Er soll ein **kleineres** Skizzenbuch mitnehmen!

Seine Zeichnungen haben mich riesig gefreut. –

Alles Beste

Dein Papa

An Robert

[Juli/August 1917]

Für Böbbchen –

Mein liebstes Holländer'chen!

Der Schneider Siebentot von Brentano spielt übrigens in Amsterdam: vielleicht zeichnest Du lieber darnach?

Brentano's Märchen oder Werke sind bestimmt in Eurer Schul-Bibliothek. Oder der Stadtbibliothek, aus der Helmi leiht.

Ich habe hier: Clemens Brentano's ausgewählte Werke, Leipzig, Max Hesse (4 Bände in 1 Band gebunden, wohl sehr billig. Und sicher gut.).

Probier mal, ob's gelingt.

Wie solche Märchenillustrationen sein können – das wird Dir Sonja weisen. Wir haben 2 englische Sachen: Thomsons Merry wifes of Windsor u. Rockham's Midsummernightsdream. Im übrigen vgl. Moritz von Schwindt; Ludwig Richter; auch Spitzweg. Ev. Schnorr von Carolsfeld etc. Das weiß Sonja alles viel besser.

Wie schad, daß wir heut nicht dazu kamen, mehr von Holland etc., zu reden. Da bleibt noch viel fürs nächste Mal.

Auch Du bist jetzt ein großer Junge, ein angehender junger Mann! Halte Dich tapfer! Onkel Thedel wird einmal ernst mit Dir über all das reden, worüber sonst ein Papa mit seinem Sohn redet, wenn er mannbar wird. Nun, Du wirst ja brav sein u. gut zu Sonja u. den Geschwistern u. fleißig. Und bitte, bleib im Religionsunterricht – vorläufig noch – später reden wir noch mal.

Ich küsse Dich viel vielmals. Und küsse *Mausi viel vielmals*, der ich nicht schreiben kann –

Dein Papa

Luckau, 27. 7. 17.

Mein liebster Junge!

Nichts Aufregendes – aber etwas sehr Eiliges, Dringendes, Wichtiges – ich muß Dich **sofort**, u. zw. *allein* sprechen. Der Herr Direktor hat es bereits gestattet. Also: bitte – ohne Zaudern aufs Dampfroß u. hergaloppiert. Du bist in 24 oder 48 Stunden wieder in Mulda zurück, wo Du Dich, wie ich höre u. überzeugt bin, wohlfühlst.

Du fährst *mit der Dresden-Berliner Bahn über Uckro direkt hierher;* nicht etwa erst nach Berlin.

Telegrafiere sofort, wann Du kommst. **Dienstag** paßt am besten. Ich bin sehr begierig, Dich zu sehn. Jetzt nichts mehr – wir sprechen uns ja.

Bring eine **Karte mit**, auf der ich *Mulda* usw. gut sehn kann.

Möglichst auch eine **Photographie oder Skizze** von *Rühles Besitz* u. *seiner Lage*. Und von *Deinem Zimmer*. Und **was sonst zur Einsicht** in Deine dortigen Verhältnisse wichtig ist. Am besten auch einen **Erzgebirgsführer** zu meiner Orientierung. Du hast ja sicher einen.

Grüße Rühles vielmals u. Frau Cohn, die hoffentlich noch da ist u. der ich beste Erholung wünsche.

Daß Bobb in Holland ist u. Th. vorige Woche in Berlin war u. S. vorigen Sonnabend bei mir, weißt Du wohl.

Ich bin wohlauf –

u. küsse Dich, mein Junge, auf den ich mein ganzes Vertrauen setze, der meine stärkste Hoffnung ist, und den ich so lieb habe, wie ich es nicht sagen kann – und küsse Dich viel vielmals

Dein Papa

Also nicht wahr – sofort telegrafieren. Höchstens 2 Tage, wahrscheinlich nur 1 Tag Kurunterbrechung! Keine lange Packerei – höchstens eine Nacht bist Du unterwegs. Auf alle Fälle fährst Du wieder nach Mulda. Ich erwarte Dich Dienstag!

Alles alles Gute –

Luckau, 27. 7. 17.

Mein Herzens-Mausi-Mäuschen!
Dank für Dein Briefelein.

Da gehts ja munter her – viel lustiger als in der Welt-
geschichte. Und der *damals* schönste Tag wird, hoff' ich,
inzwischen längst übertroffen sein.

Nicht nur die See ist dort schön. Auch der Wald u. die
Höhen – die Granitz, die herrlichen Buchen!

Putbus – mit den *weißen Hirschen* im Park des Schlosses.
Aber die See ist auch *gefährlich*. Und was Du von der
einen Stelle schreibst, macht mich ängstlich.

Nimm Dich *sehr* in acht! Bleib *ganz weit von der Stelle*.
Die **Strömung** ist manchmal stärker als so ein kleines
Mädel. Also Vorsicht! Vorsicht!

Ißt meine Maus denn auch gehörig? Seeluft macht ja sehr
hungrig.

Ich bin wohl u. denke oft an Rügen u. Sellin u. eine
kleine Schelmin, die in Busch u. Wald u. Strand u. Wel-
len flattert u. klabaudert; wie ich hoffe stets bei gut Wetter.

Viele Küsse

Dein Papa

Heb Dir diesen Brief auf u. lies ihn öfter!!

Luckau, 31. 7. 17

Mein liebster Junge!
Dein großer Fehler war, eine Kombination, die selbstver-
ständlich unbegründet war, auszusprechen, und gar noch
in diesem Falle, wo sie ganz besonders beleidigend war.
Du bist doch erwachsen genug, um zu verstehn, wie schon
das Aussprechen von Vermutungen verhängnisvoll wirken
kann; u. wie sehr man daher seine Zunge im Zaum hal-

ten muß, zumal in Gegenwart irgendeines Dritten! Gestern sowohl wie bei Deinem u. Bobbi's Besuch (in bezug auf S!) sah ich aber, *daß Du das leider gar nicht verstehst.* Trotz Deiner beginnenden politischen Schulung!

Dein Muldaer Konflikt ist leider keine isolierte Erscheinung. Du hast eine unglückselige Neigung, Dich mit allen Menschen zu verkrachen, mit denen Du in Berührung kommst. Ich begreife das nicht! »Rechthaberei« – Eigenwille – Ehrgeiz oder doch Ehrgefühl – gut – vortrefflich am Platze, wenn sichs um große ernste Dinge handelt; um der Menschheit große Gegenstände. Dieselben Eigenschaften oder Tendenzen, auf geringe, bedeutungslose Sachen gerichtet, sind kleinlich u. peinlich, geistig wie moralisch krüppelhaft u. verkrüppelnd. Bei großen Fragen führen sie zu Kampf, bei engen, kleinlichen Dreckereien zu Krakeelerei.

Kämpfer u. Krakeeler aber sind die extremsten Kontraste, konträre Gegensätze im wahren Sinn. Du sollst ein Kämpfer, kein Krakeeler werden.

Nie hab' ich mich in Angelegenheiten des Alltags, in den Niedrigkeiten des Lebens, nie auch im gewöhnlichen Verkehr mit Menschen ernstlich gestritten. Da ist Nachgiebigkeit, Duldsamkeit auch gegen Schwächen andrer – man hat selbst mindestens soviel Schwächen wie andre! –, Freundlichkeit, Bescheidenheit, Höflichkeit am Platze; ohne Absichtlichkeit, einfach aus psychologischem Verständnis für sich selbst u. für die andren fließend.

Krakeelerei, Grobheit usw. auf solchen Gebieten ist nichts als ein *Mangel* an psychologischem Verständnis, ein *intellektueller* Mangel, u. ein Mangel des *unmittelbaren, instinktiven* psychologischen Gefühls.

Könnte ich Dir das nur beibringen! Daß Du Dein Wesen mit Deinen guten Anlagen nie ins Kleinliche verzerrst! Könnte ich erreichen, daß ich sehe: Du meidest alle gewöhnlichen, ordinären Konflikte um Alltäglichkeiten, verträgst Dich im Alltagsleben mit allen Menschen glänzend – nur auf große, größte Fragen richtet sich Dein Kampfgeist – in die Sterne hinauf, ins Weite – alle Kraft bleibt dafür geweiht, dem Heiligen.

Verstehst Du mich? Wie leicht ist es, sich über das Nächste u. Äußerliche des Lebens hinwegzusetzen!

Warum soll man nicht mit jemandem, mit dem man sich erzürnt hat, dessen Wohlwollen man aber kennt, gut zusammenleben können? Es ist *keine Erniedrigung für einen hochdenkenden Menschen*, einem andren, *der einen beleidigt hat*, versöhnlich entgegenzukommen. Und in *diesem* Fall hast *Du* zunächst sehr schwer beleidigt. Dein Verhalten war nicht im geringsten unehrenhaft - u. darum ist gar nichts verloren! - aber es war unklug u. unglückselig u. kurz ein schwerer Fehler - wie oben gesagt.

Also: S. u. ich werden versuchen, die Chose einzurenken; wenns gelingt, so fährst Du wieder nach Mulda.

Mit *Dispens bis Oktober* würde ich einverstanden sein - **aber nur**: wenn 1) Du bis dahin *systematisch* u. *gründlich*, ohne Erbarmen u. Ausrede, Dich für die Schule vorbereitest, ob nun Examen oder nicht; und 2) wenn Du *dann nach Freiberg* - auf die frühzeitige »Universität« - zu gehen bereit bist; und zwar bis zum Abitur.

Wenn Du ahntest, wie diese Affäre wieder an mir nagt, wie Dein Wohlergehen, Deine Entwicklung, die Entfaltung aller Deiner guten Kräfte, Deiner vielfach vortrefflichen Anlagen, ihre *hemmungslose* Entfaltung mir Tag u. Nacht am Herzen liegt - Du würdest keine Obstruktion machen. Ich sehe tiefer u. weiter wie Du. Und nichts als Dein Bestes ist bei alledem mein Ziel - Du bist doch mein Ältester, mein erster Sohn!

Großes Unglück - ist kein Unglück, selbst wenn es zermalmt - weil es erhebt; nur kleines Alltagselend ist ein Unglück, weil es stumpft, erniedrigt, entwürdigt: Verstehe das! Den Krieg u. was sonst Ungeheures kannst Du auch in Mulda u. Freiberg verfolgen. Deine Zeitungen wirst Du bekommen, Deine Bücher nimm nur zum Teil, nur das allernötigste mit - was sonst im Verlauf der Zeit nötig wird, kannst Du Dir schicken lassen - von zu Haus, oder aus den Bibliotheken. Rühle wird Dir behilflich sein. Ihr werdet Euch wieder gut vertragen - zeig Dich nur freundlich - anschmiegsam - vertrauend - herzlich - das verschmilzt im Nu - trotz alles Krachs.

Nicht viel gefackelt - auch wegen des Zuchthauses - die Bewegungsfreiheit für Briefe u. Besuche ist beschränkt. Da muß rasch u. definitiv entschlossen werden! - Ich küsse Dich viel vielmals mein Herzenskind

Dein Papa

Um was ich Dich bitte - Sonja gleich geben, gleich erledigen - sehr wichtig. Höchste Vorsicht.

Gib S. erst meinen Brief - **den Du nicht lesen wirst!** - Dann erst sprich mit ihr - u. zw. *sehr vorsichtig* u. *gut* u. *herzlich.* Ich bitte Dich!!

Betrachte die ganze Episode vom *hohen* Gesichtspunkt! Sub specie aeternitatis! Wie schnuppe ists, wo man sich aufhält - auf dem Mond, oder in Mulda oder sonstwo!

Wenn Du in *Berlin* bleibst oder überhaupt die *2 Bedingungen* (vgl. hier im Brief!) *nicht erfüllst,* so gibts **keinen** *Dispens!* Vor allem das **andre** mit Vorsicht u. schnell erledigen!!

Was S. über Deine *Unterbringung* bis zum »Einrenken« bestimmen wird, befolgst Du **ohne Widerwort** - nicht wahr!?

(»Exzerpt« kennst Du nicht? Cerpere, excerpere?) = Auslese; Blütenlese; Auszug.)

AN WILHELM

Luckau, 2. 9. 17
(303!)

Liebster Helmi!
Jetzt muß ich jagen - nur noch kurze Zeit - um drei müssen die Briefe dem Aufseher abgeliefert werden.

Ich danke Dir für Deinen guten Geburtstagsbrief. Sei gewiß, ich war nicht wehmütig - für Papas ist's mit Geburtstagen ein wenig anders als für Euch Kinder u. für die Jugend überhaupt. Aber geschmeckt hat mir alles himmlisch - vom Kuchen habe ich eine Portion bis heut durchgerettet. Die Riesengebirgswanderung u. das Lied vom kleinen Teich (»Eingeschlossen im Felsenreich, Einsam schlummert der kleine Teich«) – alles ist mir so lebendig wie der heutige Tag. Und wir werden wieder zusammen wandern und in die Lüfte jauchzen – ja, auch das kommt wieder; u. wenn in Moll statt Dur.

Die Sache mit Rühle bedaure ich aufs äußerste. Du wolltest mir über Eure Korrespondenz berichten – bisher hörte ich nichts – also verlief sie ergebnislos (à propos: Das Schiller-sche Distichon heißt nicht: »Frei von Tadel *zu* sein« usw. – das ist Hiatus oder schlimmrer Verstoß gegen Prosodie; das »zu« muß weg – was freilich eine unerfreuliche Holper-Galoppade bis »ist« ergibt – »Frei von Tadel sein ist« usw. So amendiere ich, ohne Schiller vor mir zu haben, schlag nach – aber den Rhythmus darfst Du nie verhunzen, das geht durch Mark u. Bein). Nun sitzest Du also in Berlin fest, u. ich sehe keine Chance einer andren Regelung. Wie ihm sei: Ochse, daß alles kracht. Was hilft's – Du mußt den »Cursum durchschmarutzen«; und wenn's kein Kuchen-wall ist zum Durchfressen u. wenn hintern Abitur kein Schlaraffenland winkt, so bleibt's doch dabei; u. ich will kein Sitzenbleiben. Schluck's meinethalb wie bittre Arznei, aber schluck's, es ist keine Wahl. Für alles andre kommt noch Zeit – Junge, könntest Du kapieren, was es heißt, 16 Jahre alt zu sein! Das Leben würdest Du umarmen – trotz alledem; u. die Schule dazu – trotz alledem u. alledem.

Und wirklich, lieber Junge, laß es jetzt genug sein; beiß die Zähne zusammen u. vertrödle keine Zeit mehr mit faden Klagen über Schule usw. Du bist zu was Beßrem da. Und kommt die Gänsehaut (chair de poule, glaub' ich, franzö-sisch) über Dich vor dem Leben, so nimm – wie ich – den göttlichen Shakespeare zur Hand – diesen einen Menschen, der (wie ich eben Sonja schrieb) ausreicht, die ganze Menschheit zu adeln, die ganze Menschheit, trotz allem Schmutz u. Stumpfsinn; oder Goethe, oder Schiller. – Ein Schluck von diesem hostalischen Quell u. selbst Caliban wird verklärt. Hätt' ich Dich hier – trunken würd' ich Dich machen von der Herrlichkeit des Lebens u. der Welt; *dieser* Welt, *dieses* Lebens, *dieser* Menschheit – jawohl!

Ich lese viel - doch verkürzen sich die Tage so rapid -
u. damit mein Licht u. damit meine freie Zeit, in der ich
für mich arbeiten kann; die langen Wintergrabesnächte stehen nahe bevor. Auch da heißt's sich durchwinden.

Freiübungen - deren Menü ich Sonja genau schilderte,
laßt's Euch sagen! u. macht's nach! - u. Zellenwanderungen
(je 8 kleine Schritte hin u. zurück - zusammen 16) u.
offenes Fenster u. Arbeit im Stehen u. Eure Eß-Sendungen
erhalten mich so gesund, daß Ihr über alle Tartarennach-
richten à la 12. 8. lachen könnt, ohne erst zu telephonieren
etc. Im übrigen nährt *Ihr* Euch vor allem gut, das ist mir
u. für die Zukunft wichtiger, als mich herauszufüttern, wenn
Ihr nicht alles mindestens so reichlich u. gut habt wie ich.
Darauf muß ich bestehn. Nun, im Oktober werde ich ja
sehn, wie Ihr gefüttert seid; u. dann werde ich auch - das
erwarte ich - Gutes von der Schule hören; u. von Deiner
Stimmung u. Euch allen - Schluß - ich muß.

Ich küsse Dich vielmals, mein liebster Junge - sei brav
u. fleißig u. stärker als das Trübselige, das Dich einfangen
möchte, u. seid herzlich zu Sonja, u. schreibt ihrer Mutter
u. Adolf, u. macht keinen Radau, »verhaut« Euch nicht usw. -
Ihr seid zu alt dazu - macht mir keine Sorgen - das ist das
Beste, was Ihr für mich tun könnt - u. seid tapfer -
nochmals viele Küsse

Dein Papa

Was spielst Du auf dem Klavier?

An Robert

Luckau, 2. 9. 17
Mein liebstes Bobbchen!
Holländer Du - ja - aber ich weiß noch von nichts - noch
kein Lebenszeichen, noch keine Sterbenswörtchen - wenn
auch das weiße Brot, das neulich kam, sicher von Dir aus
Holland mitgebracht war - nicht wahr?

Nun, ich bin gespannt, begierig. Du sollst mir recht ausführlich schreiben – u. auch Deine Ausbeute an Zeichnungen will ich sehn u. auch die Skizzen von der neuen Wohnung u. den einzelnen Zimmern – u. auch die Skizze ihrer Lage in Steglitz, von den Bahnhöfen Steglitz-Friedenau aus; ich muß mir ein Bild davon machen können, wo Ihr jetzt haust.

Ich schreibe Dir heut, wegen Zeitmangels, ganz kurz –; erwarte Deinen Brief, an den Helmi Bericht über die Affäre Rühle anhängen will. Du bist sicher fidel, wie ich mein Böbbchen, den lustigen Seifensieder, kenne; u. hoffentlich hast Du *dicke rote* Backen u. stramme Waden u. Arme mitgebracht.

Auch auf die Meldung von den holländ. Freunden bin ich begierig.

Laß mich nicht mehr lang warten. Sei artig, gut, herzlich zu Sonja – macht ihr die schwere Last leicht; keinen Radau, kein Balgen u. Keilen u. Verhauen – wirklich, Ihr seid zu alt.

Und fleißig in der Schule; ich will gute Zensuren sehn! Enttäuscht u. betrübt mich nicht.

Ich küsse Dich viel vielmals

Dein Papa

An Vera

Luckau, 2. 9. 17

Liebstes Mausimäuslein!
Braungebranntes Kerlchen – hoffentlich noch heute! Wohlgenährt – hoffentlich noch heute! Oktober wird alles revidiert, u. wehe, wenn ich besser aussehe als Ihr!! Laß Dir's nicht gefallen, daß an mich was geschickt wird, was Du oder ein andrer von Euch noch essen könnte u. essen möchte! Nicht wahr! – Und nun – ich danke Dir sehr, mein Kleinstes, für Deinen Glückwunsch u. küsse Dich dafür u. bitte Dich, mir das nächste Mal recht ausführlich zu schreiben von Schule u. Freundinnen u. Lotte u. Poch u. allen sonst u. was Du liest u. im Haushalt tust usw.

134

Und grüße Hilma sehr von mir. – Sei artig; sei fleißig; sei vor *allem, allem gut zu Sonja*! Nicht ärgern! Sie ist so gut. – Keinen Radau! Gehorchen! Aufs Wort! Nicht wahr? Das will ich, das müßt Ihr! Und Oktober auf Wiedersehn! Viele, viele Küsse

Dein Papa

An Wilhelm

Dies für
Sonja bestimmt!

Anl. Zettel für Curt gib Th. mit dem Briefchen für Th. selbst. *Die Kinder sollen an Curt schreiben* – u. auch an W. Par. u. Kucke.Tante Etty? Mozartstr. 8!

Luckau, 8. 10. 17

Liebster Junge!
Nach reiflicher Überlegung: ich will Deinem Drängen nachgeben. Dieses Mal nachgeben – in der Voraussetzung, daß Du mir die Schulverhältnisse objektiv geschildert hast; *um Dich zu erproben*! Du hast Deinen Willen; Du hast nun alle Verantwortung! Du hast die Verantwortung, verstehst Du? Du willst ja ein Mann sein, ein angehender. Schön! Ein Mann, ein Wort! Du hast versprochen, in diesen 2 Monaten systematisch zu arbeiten – für die Schule u. darüber hinaus! Gut! Du wirst Dein Versprechen halten! Du wirst *nicht* bummeln! Wirst *nicht* unregelmäßig leben! Wirst *nicht* mehr nachts 1 Uhr ins Bett gehn u. Dich ruinieren. Wirst morgens *nicht* im Bett lungern, sondern mit Bob aufstehn. Wirst kein Durcheinander ins Haus bringen. Wirst mit Sonja herzlich u. gut u. zart sein, wie sie's verdient, u. einem angehenden Mann die Galanterie schon gebietet. Wirst gehorchen – u. mit den Geschwistern einträchtig leben. Das alles wirst Du – das ist Deine Pflicht – das ist Ehrensache für Dich! Und auch *das* wirst Du nicht vergessen: für Deinen *Körper* zu sorgen; frische Luft, Bewegung, Freiübungen – Junge, das macht verflucht was aus. Wo wär ich ohne

135

Freiübungen! Das erfrischt mehr als das köstlichste Bad. Und Du bist in der Tat nicht kräftig! All das wirst Du – das Experiment Deiner Selbständigkeit soll gelingen. Dein Charakter soll sich bewähren: das ists, worum sichs dabei handelt.

Wenn Salomon Dir ein Attest gibt. Aber nicht wegen Nerven – lächerlich! Blutarm bist Du u. auch sonst nicht kräftig genug: das wird Dir Sal. attestieren. Zumal Du doch den Sommer fast nicht fort warst. Grüß Salom. von mir u. bestell ihm dies.

Sonja u. ich sind gleicher Meinung. Wie konntest Du meinen, daß sie Deinem Plan widerstrebe, weil Du sonst zu viel zu Hause wärest! *Ich* bins viel mehr als sie, das weißt Du, der gegen Irrlichteliereien aller Art ist, aus wohlerwogenen pädagogischen Gründen. Die besondren Umstände u. der Zweck, Dich zu erproben, das ists, was den Entschluß der Nachgiebigkeit dieses Mal veranlaßt hat. Onkel Th. sogar ist dagegen – wie Du selbst sagtest. Ich hoffe, meine Gründe überzeugen auch ihn.

Schluß – ich freute mich so toll, Euch heut zu sehn u. auch Lotte zu sehn! Sorgt für Eure Gesundheit. Und lies diesen Brief jede Woche einmal durch!

Ich warte auf das Resultat. Tausend Küsse, mein Helmichen –

alles alles Beste

Dein Papa

AN WILHELM

Luckau, 9. 12. 17

Mein Helmi-Jung!
Und doch komm ich heut nicht zu gründlicher Antwort auf Deinen Brief, der mir zeigte, wie eifrig Du der Wissenschaften beflissen bist, an allen Quellen saugst, in alle Himmel strebst. Gut, gut. Überall umgeschaut – nach allen Grenzen, die schließlich gesteckt sind – überall kurze erste

Wilhelm Liebknecht mit seiner Frau Natalie und seinen Söhnen Theodor, Karl (4. von links), Otto, Wilhelm und Kurt (Ende der achtziger Jahre)

Karl Liebknecht mit seiner ersten Frau Julia (um 1900)

Sophie, Vera, Wilhelm, Karl und Robert Liebknecht (1912/13)

Karl und Sophie Liebknecht in Oberwiesenthal (1913)

Karl Liebknecht mit seiner Familie in Oberwiesenthal (1913)

Wilhelm, Vera und Robert in Oberwiesenthal (1913)

Karl Liebknecht als Armierungssoldat (1915)

*Karl Liebknecht mit seinem Sohn Wilhelm im Tiergarten, Berlin,
7. Dezember 1918*

Orientierung genommen - woher, wohin der Wind; wohin die Fahrt? Wie die Segel gesetzt u. die Takelage. Gut, gut. Aber nicht wirr herumgewirbelt, bis der Kopf nur grad schwindlig - blöd wird u. von Orientierung keine Spur - d. h.: stets doch den Kopf oben behalten u. die Beine unten u. die Sinne frei. Verstehst Du mich? Nicht Benebelung ist der Zweck, sondern Klärung.

Und dann: bald wirst Du wieder in der Schule antreten müssen. Vergiß nicht, daß Du eine Pflicht u. eine Verantwortung frei auf Dich genommen hast. Und, daß Du nicht versagen darfst. Es soll sich bei dieser Probe herausstellen, ob Du fähig bist, den Schulzweck auch außerhalb der Schule selbständig zu erreichen. Und das mußt Du bewähren! Ich vertraue darauf!

Philosophie ist noch zu früh für Dich - Du hast einen Blick hineingeworfen - laß es damit bis auf später genug sein, sonst gibts Scharlatanerie. Gehts jetzt nach Frankfurt, so nimm alle Schulbücher mit. Repetieren, repetieren. Repetitio est mater scientiae. Vokabeln lernen u. Grammatik nicht verschmähen. Erwachsene machens - halte Dich kindisch nicht zu hoch dafür.

Weihnacht! Ich kann Euch nicht mal küssen - nicht mal sehen. Es wird trübselig sein im Ganzen Großen. Euch wünsch ich doch alles Mögliche. Denkt an Sonja! Schreibt der Großmama Ryss. Am *18. 1.*! Vergeßt nicht!

Grüßt die Frankfurter u. vergeßt diesmal nicht die Paulskirche (Parlament - Euer Urgroßvater!).

Freiübungen nicht vergessen! *Bewegung* im Freien! Kein Stubenhocker werden. *Fecht*unterricht solltest Du jetzt nehmen - u. *Tanz*unterricht: *wir hatten beides in diesem Alter!*

Nun also - alles alles Beste - auch Prost Neujahr schon! Euer Besuch wird wohl im Januar ausfallen. Aber es wird Ersatz geben. Viell. mit Onkel Thele gelegentlich!

Ich küsse Dich viel vielmals

Dein Papa

Luckau, 9. 12. 17.

Liebstes Böbbchen!
Wo ist Dein Brief? Wo die Zeichnungen? Nun, zu Weihnacht
wirst Du mich nicht vergessen – u. ich Euch nicht! Wie
gern wär ich bei Euch! Mit Euch irgendwo. Ich kann Euch
nichts schenken – nur wünschen – unzählige Wünsche.
Über Deine Zeichnungen war ich sehr erfreut. Du scheinst
für Porträt besonders veranlagt. Gut, bilde das weiter aus.
Wir wollen sehn. Vielleicht wirst Du auch bald einen Lehr-
meister haben –
    Aber alles andre, die Grundlage, die Schule, darf nicht
vernachlässigt werden. Ich erwarte zu Ostern keine Erschüt-
terungen. Nicht wahr? Fleißig zu Haus arbeiten. Aber auch
fleißig Bewegung – Freiübungen, Turnen, ins Freie. Das
Schlimmste ist Stubenhockerei in Eurem Alter – da versauert
das ganze Leben zu schlechtem Sauerbier. Nun, Du bist ja
ein Bruder Lustig u. Frisch in die Welt hinaus. Bewahre Dir
das – u. gib davon Helmi eine Portion ab. Helmi, mit dem
Du Dich gut vertragen sollst! Der Dich *nicht* tyrannisieren,
Dir *keine Bücher wegnehmen* darf. *Er soll sich das hinters
Ohr schreiben*!
    Schreib an die Großmama Ryss u. Adolf usw.! Vergiß zu
Weihnacht u. vor allem am 18. 1. Sonja nicht!
    Viel Gutes in Frankfurt (Paulskirche!). Grüß dort.
    Euer Besuch wird wohl verschoben werden müssen.
    Schreib auch W. Par.!
    Prosit Neujahr! Mein Bobbchen – ich küsse Dich viel-
mals u. wünsche Dir alles alles.

Dein Papa

Artig u. fleißig sein!

AN VERA

Luckau, 9. 12. 17.

Mein Mausi-Mäuselein!

Auch Du, die mir einen so langen schönen Brief schrieb, bekommst nur einen kleinen Zettel - u. wenig Zeilen.

Aber viele Wünsche u. gute allerbeste Wünsche. Wünsche zu Weihnacht, die ich wieder von Euch getrennt bin (nun aber nur noch 2mal!), u. zu Neujahr. Und zur Reise nach Frankfurt. Da gehst Du doch auch hin? »Gehst«! so dumm! Dazu brauchte Klein-Mausi mit ihren kleinen Beinchen wohl bald ein Jahr.

Du freust Dich gewiß schon! Und bist in Erwartung alles dessen, was da kommen wird, so artig, wie ein Turteltäubchen.

Könnt' ich Euch was schenken!

Weihnacht - Neujahr - alles kommt jetzt so rasch.

Und bald werden die Tage wieder länger.

Hoffentlich friert Ihr nicht! Auch für die Eisenbahnfahrt sorgt, daß es keine Erkältung gibt. *Füße* vor allem stets trocken u. warm. Ich küsse Dich Kleinstes - u. küsse Dich nochmals - denk auch ein bißchen an Deinen Papa, der aber sehr gesund ist.

Küsse auch Lotti u. den Poch u. den »Jungen« aus der Thomasiusstraße.

Dein Papa

AN WILHELM

Luckau, 27. 12. 17.

Liebster Helmi-Jung!

Dein Brief war brav - u. freut mich sehr - aber die Schulfrage macht mir Kopfzerbrechen! Ist's möglich, daß Du die Schulvorbereitung vernachlässigt hast? Junge, ich hoffe nicht! Du weißt, das war der entscheidende Punkt! Bobbi hat sich in der Schule gebessert; er macht mir viel Freude, ist ein so verständiger guter Kerl. Du mußt herzlich, zärt-

147

lich, brüderlich zu ihm sein – nicht wahr? Nicht tyrannisieren.

Sahst Du die Paulskirche? Alles was Du schreibst, interessiert mich. Du fühlst Dich wohl – u. vertraut mit den
Frankfurter Onkels, Tanten, Cousins, Cousinen. Die Musik
pflege tüchtig – profiter de l'occasion. Gern wär ich dabei.
Sonja kommt heut. Sie wird Dir dies bringen.

Seid gut u. herzlich zu ihr. Sie hat so viel Schweres auf
dem Herzen; die arme, arme Gute. Sie soll sich tüchtig aus-
ruhn – u. erholen. Am 18. ist ihr Geburtstag; am 13. Ottos.

Euch werde ich in einiger Zeit – vielleicht Februar? Mit
Onkel Th.? sehn? Vielleicht vorher. Alice grüße sehr.

Ich küsse Dich viel vielmals. Arbeite tüchtig. Und Kopf
hoch, trotz allem –

Dein Papa

Hörte, daß Du gemalt bist. Das freut mich wenig. Eine nette
Larve haben ist immer fatal. Erst etwas Gehöriges *leisten*,
selbst leisten – dann hat sie Inhalt, ganz wie ein guter
Name. Sonst u. bis dahin ist sie Attrappe; u. schlimm, Ver-
sucher [sic!] zu hohler Eitelkeit. Arbeiten, arbeiten, planvoll,
energisch, unermüdlich. Tüchtig werden; das ist alles. Larve
etc. ist nichts!!

An Robert

Luckau, 27. 12. 17.

Mein Böbbchen!
Das war ein Brief, der mich freute – (bis auf einige Ortho-
graphie-Schnitzer) – gute Nachricht von der Schule u. von
Dir selbst. Brave Pläne – ich schreibe Dir gern viel – aber
eben werd ich geholt – so nun noch Dir u. Mausi

viele viele Küsse – u. alles Gute

Euer Papa

Viele Grüße an Alice usw. Seid artig.

Ich bin einverstanden, daß Du Unterricht nimmst. Das

148

Zeichnen u. Malen aufzugeben, ist wirklich kein Grund u. wäre große Torheit. Alles Weitere muß die Zukunft lehren. Die Sache mit dem Tapetenmuster ist gar nicht blamabel für Dich. Die tüchtigsten Künstler erfinden u. verwerten dergleichen. Aber ich glaube, die Aussicht auf 1000 Mk ist Phantasie, Phantasmagorie. Der Lehrer wird Dich nicht vorziehn, sondern gerecht sein. Und das um Deinet- nicht um meinetwillen. Daß Helmi gemalt wurde, freut mich nicht gerade. –

Ins Freie gehn! Bewegung! Luft!

Nochmals Küsse!

Hast Du an S.'s Mutter geschrieben? Nur kurze Grüße, ein paar herzliche Worte – mehr darf man ja nicht! Schreibe ihr, Eurer Großmama auch *öfters! Schreibe auch mir;* bald! Und ausführlich über alles – die Reise, Deinen jetzigen Zustand u. die weiteren Pläne. Empfiehl mich Deinen Gastgebern bestens u. danke ihnen sehr.

Es ist kalt. *Hüte Dich vor Erkältungen* u. nassen Füßen! Und holst Du Dir doch eine, so kuriere sie gleich gründlich aus. Den Arzt lieber einmal zu viel gefragt. Ich will Euch gesund wiedersehn!

Viele viele Küsse – u. alles alles Beste

Dein Papa

An Wilhelm

[Ende Febr./Anfang März 1918?]

Mein liebster Helmi-Junge!
Über 6 Wochen seit Deinem u. Willis Januar-Besuch (übrigens habt Ihr Willi seine hiesigen Unkosten ersetzt? Das muß ev. nachgeholt werden!). Ostern in 4 Wochen. Quidquid latet apparebit! In der Schule, im Zeugnis. Ich erwarte ein gutes. Denk an unsren Pakt! Im April sehe ich ja Dich u. die Zensur.

Nun wird Dich Bobb-Pollux auf längere Zeit verlassen.

Ich freue mich trotz aller kleinen Mißlichkeiten für ihn. Wie schad, daß Du nicht auch hinauskommst; ungeheuer würde es auf Dich wirken. Aber nicht lang, u. Du wirst alle Länder durchfliegen können. Die ganze Erde, alle Kontinente wirst Du, werdet Ihr von der neuen Generation, sehen u. durchkreuzen; von den Wundern der ganzen Welt werdet Ihr Euch vollsaugen. Das wird ein Leben der Kraft, der Leidenschaft, der unermüdlichen Tat sein. Wenn wir alt u. schlapp sind – was der Teufel holen mag. Dein Geburtstag ist am 6., Dein 17. Ein ominöses Alter heut. Ich hoffe, Dich wirds nicht plagen. Du wirst sozusagen staatlich als Jüngling, als junger Mann sanktioniert à la bonheur.

Was treibst Du jetzt – außer der Schule? Chemie? Musik? Was macht der Komponist-Freund? Was liest Du besonders? – Hüte Dich vor zu großer Zersplitterung! Wenn Du fühlst, daß etwas noch zu schwer für Dich ist, so quäl Dich nicht sinnlos, sondern warte ab. So ists mit Philosophie. Du hast gekostet – nun leg sie vorläufig beiseite. Deiner Entwicklungsstufe entsprechende Aufgaben stelle Dir, um so gesünder u. rascher wirst Du Dich geistig entwickeln. Das *Antizipieren* im Lernen rächt sich meist. Und allzu großer hitziger Ehrgeiz! Der die Harmlosigkeit, die Frische des natürlich-einfachen Impulses leicht nimmt: eine Gefahr, vor der Du Dich hüten mußt.

Dich müßte ich gerade jetzt eng u. dauernd um mich haben!

Aber Du hast mir nicht mal geschrieben? Das wirst Du doch nachholen – ich erwarte es. Vielleicht bringt's ja Bobb heute. Ich schreibe in etwa einer Woche – bis dahin Lebewohl –

Ich küsse Dich, mein Junge – sei brav! Halte Dich rein! Hüte Dich vor den Beschmutzungen Deiner Seele u. vor der Gefährdung Deiner Gesundheit, – Du weißt, was ich meine! Du bist in einem Alter, wo alle Zellen des Körpers gären; da ist Festigkeit besonders not. Sei tapfer u. stark. Und gut zu Sonja. –

Alles Beste

Dein Papa

1. 3. 18, Luckau

Dem fliegenden Holländer Bob.

Liebstes Böbbchen!
Ich sehe Dich u. Vera morgen. Und doch auch noch diese
schriftliche Erklärung: daß ich mit dem holländischen Projekt dreimal einverstanden bin. Die *Schul*schwierigkeit ist
zu beheben: Du mußt Dich selbst fortbilden; genau fest-
stellen, welches Pensum zu verarbeiten - u. darnach Deine
Pflicht tun. Und zwar sehr ernst u. energisch: denn bei der
Rückkehr wirst Du ein *Examen* machen müssen, in dem
man Dir gründlich auf den Zahn fühlen wird! Also Vorsicht!

Dumm ist freilich, daß Du von der Familie so lang getrennt
wirst, dumm, daß Dein Unterricht bei Sophie C. aufhört -
aber dafür gibts Ersatz! Scheveningen ist Vorort vom Haag
mit seiner köstlichen Galerie. Das Fatalste ist, daß ich Dich
so lang nicht sehen werde. Nun - Du wirst für Dein Leben
viel von der Reise profitieren: körperlich u. geistig.

Bleib brav u. tapfer u. gutherzig; aber stolz u. fest nach
oben; *nur* nach *oben*.

Am 12. März wirst Du noch da sein, ich schreib dann
noch ein paar Zeilen zum Abschied.

Auf die Seele binde ich Dir: *bei allem Wichtigen*, was
Dir zustößt, seis böse, seis gut, *schreib stets sofort oder
telegrafiere*, wo's Not tut. *Auch direkt an mich*; u. nach
Hause; überhaupt *schreib mir regelmäßig u. ausführlich -
es darf* **auch öfter** *als quartaliter [sic!] sein*. Ich küsse
Dich, mein Bürschchen - alles alles Gute u. auf Wiedersehn

Dein Papa

Auch hier noch, weil möglich, mündlich im doppelten
Sinn - meine nachträgliche *Gratulation* zum Geburtstag,
über dessen Verlauf Du mir morgen berichten wirst.

Grüß bitte die Freunde, u. denen ich sehr danke, die
Dich aufnehmen, u. alle sonst, die Du triffst. Sei vorsichtig,
wie ich Dich bei der 1. Hollandreise hinwies.

[Anfang März 1918?]

Liebes kleinstes Mausi-Mäuschen!

22 Monate sitz ich jetzt eingesperrt im Käfig. Ist das nicht schad? Und 32 Monate stehen noch bevor – 1/3 der Strafe ist herum: ist das nicht schon ein ganzer Batzen? Es wird rasch zu Ende sein! Und wir werden uns wieder haben – nicht bloß so alle Viertel- oder Halbe-Jahre. Drosseln pfeifen schon vor meinem Fenster – u. doch gibts heut wieder Schnee!

In ein paar Stunden seh ich Dich u. küsse Dich u. höre alles von Dir – aber *Dein Brief* fehlt noch! Er wird Dir *nicht geschenkt*. Schwarz auf weiß will ich hier bei mir in der Zelle haben, was meine Mausi mir zu berichten [hat].

Schon werde ich gerufen – Nun – rasch noch ein paar Papier- u. Schwarz-auf Weiß-Küsse – gleich kommen die lebendigen Mund auf Mund Küsse.

Sei artig! Fleißig! Brav!

Gut zu Sonja – Viele viele viele Küsse

Dein Papa

Zu Deinem Geburtstag schreib ich noch – Grüß u. küß Lotte, Poch u. die Herren Vettern in der Thomasiusstraße – Onkel u. Tanten natürlich nicht minder.

An Wilhelm

Luckau, 10. 3. 18.

Mein liebstes Helmichen!

Ich hörte, daß Du in der Schule viel besser seist u. daß Du Mathematik-Unterricht gibst (in docendo discimus – das wirst Du da merken!): beides freute mich riesig. Und nicht minder, was ich sonst über die häusliche Lage hörte. Nur die Sorge bleibt: sorgst Du für Deine *körperliche* Gesundheit? **Freiübungen**, Freiübungen! Hielte ich die hier nicht fest, wär ich längst auf dem Hund! Unterschätze sie nicht! Mache sie zur Regel; jeden Tag ein festes Maß Knie-beugen, Rumpfbeugen, Kopfbewegungen, Bauchtanz usw. Und *Bewegung* durch *Gehen*; möglichst im Freien; u. *Tur-nen* so viel es geht, u. *Schwimmen*: das ist heut *bei dem schwer verdaulichen Essen* doppelt not. Schlechte Ver-dauung, Verstopfung bedeutet Mißstimmung, Blödigkeit, Leistungsunfähigkeit.

Das muß ganz derb herausgesagt und wohl beachtet werden. An der Zeit wäre jetzt auch **Fecht**unterricht; Rapier, Schläger, Säbel   in Deinem Alter. Erkundige Dich -
    wir hatten ihn
die Berliner Verhältnisse kenne ich nicht. Der Tanzunter-richt ist wohl nicht mehr modern - u. jetzt vielleicht nicht an der Zeit - Sonja ist übrigens eine glänzende Tän-zerin.

Am Mittwoch war Dein Geburtstag - ich dachte an einen *großen* Geschichtsatlas (etwa Droysen) für Dich; *ohne Ge-schichtsatlas dürft Ihr nicht sein.* Das Nähere schrieb ich an Willi. Wie war die Feier? Noch steht Dein Brief aus! - Du schicktest mir nicht bloß - sehr zu Unrecht - *Euren* Geschichtsatlas (ein neuer kostet 3 Mark!!), sondern auch *Dein* Astronomiebüchlein, das Du doch auch brauchst. Ich will nicht, daß Ihr Euch nötige Bücher entzieht, *deren Benutzung mir dann ein Raub erscheint.* - Kommt Onkel Curt, so Du mit ihm. Für Zeitungen dank. Ich küsse Dich viel vielmals - sei tapfer u. edel u. wirf alles Kleinliche hinter Dich - für immer -

Dein Papa

Habt Ihr Hanteln? - Einige Bücherwünsche hab ich Sonja geschrieben, an denen Du beteiligt bist: Müller-Lyer (I); ein Band Ranke oder Jäger (möglichst neuere Zeit - aber die entbehrlich).

Luckau, 10. 3. 18.

Mein Herz Böbchen!

Am 31. Ostern – so bist Du wohl fast reisefertig? Und »zu allen Schandtaten bereit«? Nichts gegen Deinen Willen! Niemand will Dich vergewaltigen. Und niemand denkt an Bindung bis Kriegsende. Es können sogar vor Kriegsende Umstände eintreten, die Deine Heimkehr nötig machen. Um deinetwillen scheint mir das Projekt gut – vorl. auf $^1/_2$ Jahr. Künftig wirst Du den großen Bildungswert, der noch größer wäre, wenn Du ein paar Jahr älter wärst, erst recht einschätzen können – glaub' mir.

Du wirst nun Holland genauer u. viel mehr im *Mittelpunkt* kennenlernen. Große Kraft u. Eigenart steckt in dem Volk. Dicht am Haag, neben den historischen Stätten Leiden (zeitweilig die erste Universität der Welt) u. Haarlem, wohl auch Delft, u. zwischen Rotterdam (auch famose Galerie) – mit seinem gewaltigen Hafen – u. Amsterdam – wirst Du mannigfaltige Eindrücke, Anregungen haben, für die Deine erfreulich frische Empfänglichkeit sich heiter u. glücklich öffnen wird. Auch unsre engren Freunde wirst Du diesmal wohl treffen – grüße sie von mir.

Du bist in einem kritischen Alter, mein Sohn, in dem Körper u. Seele durchgärt werden; in dem manche gefährliche Verlockungen auftauchen u. hervorschleichen, die um so verführerischer reizen, je gefährlicher sie sind. Ich erwarte u. weiß von meinem Böbbchen, daß er seinen Körper u. seine Seele rein erhalten wird, als ein Heiligtum, vorbehalten u. geweiht dem Großen u. Schönen. »Sei stets Dir selber treu u. halte fest am Rechten«: diesen Leitspruch Deiner Mutter präge Dir, prägt Euch alle tief ein. Versorg Dich mit Büchern. Und mach Dir eine feste Tageseinteilung, für Arbeit (Schule usw.), Kunst, Vergnügen, Körperübungen, Schlaf. Je regelmäßiger Du schlafen u. turnen (Freiübungen etc.) u. marschieren wirst, um so flotter wird alle Arbeit, um so köstlicher aller Genuß sein. Ernähre Dich gut – keine Angst vor dem Dickwerden. Was Du neulich Deinen »Bauch«

nanntest, ist nicht die Folge reichlicher Kost, sondern die Folge der Kartoffelesserei: der »*Kartoffelbauch*« gilt mit Recht als ein Zeichen *armseliger* Ernährung (Erzgebirge etc.) – große Quantität bei schlechter Qualität!

Wie froh war ich, Euch zu sehn! 8 Tage schon her! Alles alles Beste! Schreib! Nimm diesen u. den neulichen Zettel mit Dir.

Vergiß nicht zu schreiben u. *alles* Wichtige zu melden – *jede Erkrankung* usw. sofort. Sorg stets für gute Verdauung, offnen Leib!

Glück auf! Kleiner Reisender. Ich küsse Dich viel vielmals

Dein Papa

AN VERA

Luckau, 10. 3. 18.

Mausi-Klein-Herzliebes –

Nun wissen wir wieder mal, wie wir aussehn. Aber es ist doch so schade, daß es rum ist. Nicht? Und wann wieder? Ich vergaß ganz nach *Deiner* Schulleistung zu fragen. Die Osterzensur wirds ja zeigen: Schon wegen des bevorstehenden Gymnasiums muß die Zensur besonders gut sein; u. darf nicht gebummelt werden!

Aber auch nicht gestubenhockt! Frisch u. gesund muß vor allem der Körper sein! Bewegung – Turnen u. Schwimmen u. Spazierenlaufen u. Freiübungen – das hält Leib u. Seele zusammen! In $1^1/2$ Monat ist Dein Geburtstag – schon heut schick ich Dir tausend fünfhundert Küsse u. eine Million Wünsche; Du kannst sie selbst aussuchen! Denk – in den Märchen gibts immer nur 3 Wünsche!

Sei gut u. fleißig. Und vergiß nicht Deinen Papa, der immer an Dich denkt, wenn die Vögel drauß[en] zwitschern u. auch sonst. Ich hatte schon vor 4 Wochen einen *Schmetterling*, eine Eule, in meiner Zelle zu Besuch. Sag das Bobbi u. Helmi. Ich konnte sie nicht bestimmen. Sie war so groß, wie Dein großer Finger.

L., 20. 5. 18.

Mein kleines Böbbelchen!
Was Du mir leid tatest – u. wie gern ich Dich zur Pflege
in meine Zelle mitgenommen hätte!

Aber nur keine Hypochondrie – diese Anfälle haben nichts
zu bedeuten – *wenn das Nötige dagegen getan wird!* Das
weiß ich aus meiner Jugend.

Und das Nötige ist: gute Pflege, Schonung, *nicht* überan-
strengen – weder körperlich noch geistig! Früh zu Bett.
Lang u. gut schlafen. Aber *keine 5 Minuten wach im Bett
liegen* (eher ein Mal angezogen aufs Sofa). *Kein Einschlie-
ßen*. Viel in frischer Luft: nimm Deine Bücher mit hinaus,
ochse dort im Lagern; beim Vogelgesang u. Schmetterlings-
geflatter u. Wolkenzug. Aber Augen geschont (nie in der
Sonne lesen usw.).

Ich hoffe jedoch noch auf Holland. Es ist ja nicht zu spät.
Ev. könnt ja auch Mausi *und* Du hin.

Kopf hoch, armes Kerlchen. S'ist halt eine Sauzeit; aber
gerade für *Euch* wie ich weiß auch eine große Zeit; nur
für Euch. Und darum Kraft u. Stolz gegen alle Bedrängnisse,
die ich Euch wahrhaftig gern auf ein späteres Alter ver-
schoben hätte. Kopf hoch u. – bei Schonung! – fleißig für
Schule: das Pensum *muß* erledigt werden.

Messer kam heute.

Wenn Helmi Vogelbuch noch braucht – ein Wort!

Ich küsse Euch alle drei. Zankt Euch nicht!

Wie schad, daß ich Deine Zeichnungen diesmal nicht
sah! Da war ich Dir richtig böse. Du weißt doch, wie mich
das interessiert! Hast Du Unterricht bei S. C.? Ich vergaß
ganz zu fragen!

Ich küsse Dich – alles wird gut sein! – Dein Papa, der
allen im *Juni* schreibt.

Gebt stets Nachricht, wo Ihr seid!

Luckau, 16. 6. 18.

Mein liebster Helmi-Jung!

Deine Abfahrt steht bevor - noch ein paar kurze Worte:

Schicke Dich in die Leute, auch wenn Dir vieles fremd u. unbehaglich u. unerwünscht scheinen mag: es wird nur der erste Eindruck sein. Was Dir auch gegen den Strich gehen mag: verschlucke Deine Bedenken - such jeden erst aus sich selbst u. seinen Verhältnissen heraus zu verstehen - so wirst Du mit ihm leben können. Kritisiere Dich selbst mehr als andre - so wirst Du erkennen, daß alle Fehler der andren auch in Dir stecken. Wie viele Erfahrungen derart mache ich jetzt im Zuchthaus!

Schone die Leute auch in Politicus - (natürlich unter fester Wahrung Deines Standpunkts), wenn sie so harmlos und unpolitisch sind, wie ich vermute.

Kurz: Takt, Takt - äußren - noch mehr aber inneren. Alles Kleine u. Äußerliche aus dem Sinn. Frisch die frische strotzende Natur genossen; frisch das Landleben.

Du wirst bald fühlen, ob man kleine Gefälligkeiten, ein zur Hand gehen in diesem u. jenem von Dir erwartet - sei gefällig! Eventuell auch in dieser oder jener landwirtschaftlichen Verrichtung: *Sieh Dich um in der Landwirtschaft*, suche sie zu verstehn. Das ist höchst wertvoll. *Natürlich keinen freiwilligen »Hilfsdienst«*, auch keinen Ansatz dazu.

Schule nicht vergessen! Ich will kein Zurückbleiben, keinen Durchfall. Arbeite systematisch. Ein ruhiges Plätzchen drinnen (u. sei 's in der Scheune oder dem Stall) oder draußen wirds immer geben. So hab ich mich zu allen meinen Examina vorbereitet.

Aber immer draußen liegen - wenns nicht Feldsteine regnet. Ausflüge usw. Beim *Baden u. überhaupt in der fremden Natur Vorsicht*. Der bayrische Wald ist doch recht weit ab. Guck Dir auch die Städte an u. Dörfer u. ihre Eigenart in Bau u. Leben. Viel kannst Du psychisch u. physisch von dieser Reise profitieren. Ich weiß nicht, wie lang sie dauern soll, aber ich hoffe bestimmt, daß sie nicht vorzeitig abgebrochen wird.

Mein Pflanzenbuch ist der Dalitzsch! (aus Glatz!). Das Vogelbuch benutze auf der Reise gut – liebe die Natur –, dann entbehre ichs gern.

Gib regelmäßig Nachricht an Sonja u. zuweilen auch an mich!!

Schreibe an Sonjas Mutter.

Wir müssen *stets* wissen, wie's Dir geht!

Am Dienstag wußte ich nicht, daß Du mitkamst; drum brachte ich nichts zum Schnabulieren. Hoffentlich war Euer Ausflug schön.

Dein »Jäger« (Neuere Geschichte) ist zum Teil nicht schlecht; echt national-liberal, aber mit diesem Vorbehalt meist brauchbar; sogar mit leichten Intervallen.

Nun – leb wohl! Halte Dich tapfer u. nutze die Zeit systematisch.

Alles Beste.

Sei freundlich zu allen Menschen. Ich küsse Dich

Dein Papa

Immer zur Bahn etc. hinaussehen!!

AN ROBERT

Luckau, 16. 6. 18

Mein Böbbelchen!

Denke: Plisch u. Plum liegen neben mir; u. erst heute früh hab ich wieder hineingeguckt u. mich daran verlustiert, denn es ist wirklich riesig lustig, u. Du hasts wirklich sehr fein nachgezeichnet.

Und auch die beiden Michelangelo-Köpfe (Federzeichnungen) habe ich noch eben betrachtet u. genossen.

Und nun bist Du am Ammersee. – Da wirst Du etwas sehn u. erleben – an Naturkraft u. Frische u. Schönheit – u. an Menschen eigner, fester – menschlicher Art.

Porträtskizzen von Robert Liebknecht, siebziger Jahre

Viel Vorwürfe [sic!] fürs Zeichnen u. Malen u. viel Erfahrungsstoff fürs Leben.

Sieh Dich in der *Landwirtschaft* um, versuchs auch eventuell in der u. jener leichten Arbeit – nur um sie kennenzulernen. *Keine Anstrengung* – gerade die *sollst* du ja vermeiden. Auch keine großen Märsche! Und Vorsicht in allem – besonders im *Baden*! Die Flüsse u. Seen da oben sind anders als in der Mark! Stürz Dich nicht ins Unbekannte! Ich weiß nicht, ob Du überhaupt baden (schwimmen) darfst, aber wenn, so mit aller Vorsicht u. mit Maß u. nur unter Aufsicht.

Nutze die Zeit gut – sei freundlich mit den Leuten – zeig Dich ihnen gefällig –.

Immer im Freien liegen, wenn's menschenmöglich.

Schule nicht vergessen! Systematisch arbeiten – aber möglichst im Freien.

Schreibe an *Sonjas Mutter*! Sofort!

Und gib laufend Nachricht an Sonja u. zuweilen direkt an mich. Wir müssen stets wissen, wie's mit Dir ist.

Schreib auch an die übrigen Verwandten – natürlich in den gebotnen Grenzen. Ich *sah* den Ammersee öfter, vom Gebirge aus – zuletzt vom Säuling (bei Reutte), wo ich Gemsen traf u. mich – trotz Führer – beim Abstieg nach Hohenschwangau verkletterte – 1890; auf der Fahrt nach Augsburg passierte ich ihn dann. Augsburg ist eine der schönsten deutschen Städte – kunsthistorisch kostbar. (Fugger u. Welser!! Einst die Rothschilds der Welt!)

Von München u. allem sonst rede ich nicht. Du kannst nicht alles näher betrachten, was auf der Reise in Deine Nähe kommt. Aber halte die Augen stets auf, gucke zur Bahn heraus usw. Lerne Land u. Leute kennen.

Alles alles Beste – leb wohl – ich küsse Dich vielmals

Dein Papa

Luckau, 16. 6.18

Mein Herzens-Mausi-Mäuschen!
Also nach Holland ausgerissen – ans Meer. Ei den Teufel!
Und nicht mit einer Silbe mir Adieu gesagt. Sünderin, kleine.
Wohl fühlst Du Dich, vergnügt, wie eine Schneekönigin
oder wie der Buchfink vor meinem Fenster. So schrieb mir
Sonja. Und so ists, hoffe ich, wahr. Aber *Vorsicht* – verstehst
Du? Eure Küste ist gefährlich! Da kommen Minen ange-
schwommen u. törichte Menschen spielen mit ihnen u.
sie explodieren u. alles geht in Fetzen. Daß Du mir fern
bleibst von solchen Dingen – nicht wahr? Und auch sonst
vorsichtig. Und artig – u. freundlich – u. dankbar denen,
die Dich so gut aufgenommen haben, so vortrefflich ver-
pflegen u. versorgen. Danke ihnen auch von mir aufs herzlichste u. grüße sie unbekannterweise.

Vergiß auch die Schule nicht – es darf kein Zurückbleiben
geben.

Nicht wahr?

Ich bin wohlauf – und werde noch wohler sein, wenn
ich zuweilen von meinem Mausi-Mäuschen ein Lebenszeichen bekomme.

Viele viele Küsse

von Deinem Papa

7. 7. 18

Mein Mausi Mäus'chen!
Wie lang haben wir uns nicht gesehn! Vielleicht bringt mir
Sonja morgen ein Lebenszeichen von Dir – jedenfalls eine
Nachricht. Am 26. Juni stand in den hiesigen Zeitungen
eine Meldung aus dem Haag vom 24. Juni, wonach *4 Minen
in Scheveningen* angespült sind.

Du siehst, daß meine Sorge u. meine Vorsichtsmahnungen
nicht sinnlos waren u. sind. Bleibe dem Strand überhaupt

fern. Keine dumme kindische Neugierde u. Sensationssucht!
Folge den Weisungen Deiner Gastgeber, die ich wieder aufs
herzlichste zu grüßen bitte, in allen Punkten stets u. ganz
genau. Du bist noch ein zu kleines unerfahrenes Küchel-
chen, als daß man Dich nach Deinen Einfällen und nach
Deiner Fasson glücklich werden lassen könnte.

Arbeitest Du auch für die Schule? Vergiß das nicht! Jeden
Tag eine oder 2 feste Stunden – so kommt Regel hinein u.
der Erfolg ist da.

Sei artig u. dankbar! Stets freundlich, keine Launen! Daß
man Dich lieb gewinnt u. nicht als Last empfindet.

Ich küsse Dich, mein Kerlchen, viel vielmals

Dein Papa,
der gesund ist, wie immer.

An Robert

Luckau, 7. 8. 18.
Mein Herz-Böbbelchen!
Nun Du Ammer-Seer? Verstehst Du schon das Oberbayersch?
Wie wirst Du staunen über die Riesenmenschen! Und über
die Riesen-Natur. Wenn's auch noch nicht die Alpen sind.
Du siehst die Kette bei halbwegs klarem Wetter ja so deutlich u. nah! Wie großartig ist sie. Als ich sie 1889 zuerst
vom Starnberger See aus aufleuchten sah, meinte ich die
Arme ausbreiten u. hinfliegen zu müssen. Der Ammersee
ist trotz alledem ein Gebirgssee; seinem ganzen Charakter
nach; u. nach seiner Gefährlichkeit. Auch *Sumpf* – Gefährlichkeit! Denk an unser Abenteuer im Sumpf am Spitzberg
(Erzgebirge) – beinahe wärs schief ausgegangen u. wir alle
drei lägen ganz wo anders.

Beherzige alles, was ich Dir neulich schrieb! Halte Dich
rein! Alle Versuchungen wehre ab – sie sind so gefährlich –
gerade in Deinem Alter! Das ganze Lebensglück kann eine
Unbesonnenheit vernichten. Du ahnst nicht die Gefahr!
Halte Dich rein. Ich bitte dich, mein Herzensjunge. Auch
Alkohol u. »Tabak« – meide. Es lohnt sich nicht, besonders

162

heute; u. ernster Schade ist möglich. Glücklich, wer all diese Bedürfnisse *nicht* hat; er hat ebensoviele Tyrannen weniger – ist ein viel freierer Mensch. Ich spreche aus Erfahrung. – Mit den derben Menschen da unten wirst Du wohl umzugehn verstehn. Nicht den »Berliner« u. den »Gebildeten« herauskehren. Was die haben u. wissen, ist nicht weniger wert. So denken sie u. so denke ich auch; u. Du gewiß auch. Lerne von ihnen; lerne sie selbst verstehen. Das wird ein großer Nutzen sein. Morgen kommt die gute Sonitschka. Sie wird mir von Dir erzählen. Schreibe ihr regelmäßig u. gut.

Hast Du an S.'s Mutter geschrieben? Nur kurze Grüße, ein paar herzliche Worte – mehr darf man ja nicht! Schreibe ihr, Eurer Großmama auch *öfters! Schreibe auch mir;* bald! Und ausführlich über alles – die Reise, Deinen jetzigen Zustand u. die weiteren Pläne. Empfiehl mich Deinen Gastgebern bestens u. danke Ihnen sehr.

Es ist kalt. *Hüte dich vor Erkältungen* u. nassen Füßen! Und holst Du Dir doch eine, so kuriere sie gleich gründlich aus. Den Arzt lieber einmal zu viel gefragt. Ich will Euch gesund wiedersehn!

Viele viele Küsse – u. alles alles Beste

Dein Papa

AN DIE KINDER

Luckau, 8. 9. 18.

Ihr Dreiteufelsbande!
Ihr Verschwörer des Schweigens! Ihr Vatermörder in spe! Was ist mit Euch! Wo sind die Briefe! Ich warte, warte, warte – schon fang ich an, schwarz zu werden.

Erbarmen!

Euer Papa,

der Euch trotzdem küßt – u. hofft, daß Ihr tüchtig ochst u. büffelt, lernt u. studiert, schmökert u. lest; u. niemandem zur Last fallt! Und keine Tapsereien à la Zugspitze mehr

163

macht - u. *Herrn Gandorfer herzlich grüßt u. vielmals dankt (daß Ihr ihm ja nicht beschwerlich fällt!* Ich hab ja keine Ahnung, wie die Verhältnisse liegen - u. ob die Verlängerung Eures Aufenthalts nicht eine Aufdringlichkeit ist: *das **darf** nicht sein*!! Ihr selbst müßts fühlen u. Euch darnach richten! Natürlich **muß** *Herr Gandorfer unbedingt seine **Unkosten ersetzt bekommen!***)

Onkel Curts Adresse: »Landsturmpflichtiger Arzt Dr. C. L. Feldrekrutendepot 38. I. D.* Stab. Deutsche Feldpost 404«.

Schreibt ihm - u. wenn nur ein Wort auf einer Karte! Schämt Euch sonst.

(* heißt: Infanterie Division).

Habt Ihr nach *Rostow* geschrieben?

Ich hoffe doch! Hier wäre Verbummeln einfach nicht zu verzeihn! Vergeßt nicht den 1. Oktober!

AN WILHELM

[o. D.]

[...]

Noch sind Deine Arme schwach u. klein. Ja, mein Mäus'chen, Du bist klein - aber das tut doch wirklich nichts. Auch Deine Mutter war lang sehr klein. Als ich sie in ihrem 18. Jahr kennenlernte, klein wie eine 14jährige. Dann wuchs sie plötzlich - sie war von guter Mittelgröße. Möglicherweise hast Du dies Wachstumstempo geerbt. Wenn Dich wer darum verspottet, lach ihm ins Gesicht. Napoleon war auch klein; und Kant, der größte Philosoph u. Menzel, einer der größten Maler der neueren Zeit. Leiste tüchtiges in den Wissenschaften, zeig Dich Deinen Kameraden geistig gewachsen oder überlegen - so werden sie Dich mehr achten, als wegen etwaiger Körperkräfte. Aber laß Dich das nicht bekümmern.

Freilich leg ich großes Gewicht auf Deine körperliche Entwicklung: mens sana in corpore sano; wenn ich auch keine Lust habe, Dich zum Sportsmann zu erziehen. Aber auch Sonja denkt *sehr* daran.

Du mißverstehst Sonja ganz gründlich: Sie scheut die Verantwortung vor Euren großen Ausflügen - sie ist ängstlich, daß etwas passieren könnte - sie sorgt sich um Dein u. Euer Wohl. Dabei mag sie zu weit gehen - es fehlt ihr ein wenig der Maßstab, was Euch frommt, so engt sie Euch wohl zuweilen - um Eures Wohles willen zu sehr ein. Ich werde mit ihr sprechen, sodaß sie einen weiteren Spielraum gibt. Aber, was mir Bobb schreibt, macht selbst mich ängstlich. Euer Baden in den Seen ist nicht ohne Gefahren; sie haben allsamt ihre geheimen Tücken. Am Wannsee habt Ihrs erfahren; vom Tegeler See las ich's gestern in der Zeitung; in den Freibädern gibts *täglich* Ertrunkene. Durch das Zurückweichen des gesunkenen Wassers ist der früher vom Ufer weit entfernte $\frac{\text{klebriger Schlamm}}{\text{gefähliche Modder}}$, der einen fast rettungslos herabzieht, sehr nah ans Ufer gekommen. Auch das Schilf ist fürs Schwimmen sehr gefährlich. Und dazu kommen die Gefahren des Herzschlags usw. (bei Erhitzung! Deshalb stets Abkühlung vor dem Baden - langsames Hineingehen - u. *nie* nach einer Mahlzeit baden - nie früher als $^3/_4$ Stunden *nach* dem Essen - sonst ist die Herzschlag-Gefahr außerordentlich - wegen der Strapazierung des Herzens durch die Verdauung!).

Ihr seid leider noch sehr unbesonnen; daher die große Ängstlichkeit.

Und wenn Sonja auf Vieweg Gewicht legte, oder auf sonstige Pädagogen, so hat auch das guten Grund u. findet meine Billigung. Euch fehlt die männliche erziehende Hand allzusehr; das heißt noch längst nicht: Stock. Ihr habt über Züchtigungen wirklich nicht zu klagen. Ich hab viel mehr bekommen. Die Ferien auch dazu zu nutzen, daß Ihr einer gewissen Ordnung unterworfen werdet - zu Eurem Nutzen, ohne Euch die Ferien im Geringsten zu verekeln: das war der bestens gemeinte Plan von Sonja u. mir.

Jammerschade, daß er ins Wasser gefallen ist. Es lag am Krieg (Vieweg's Einziehung) u. auch am Geld. Kaum wird genug dagewesen sein. Ich war schuld daran - oder vielmehr auch der Krieg. Nun - das werdet Ihr verschmerzen.

Wenn Du Dir alles recht überlegst, wirst Du sehen, wie oft Du Sonja gegenüber Unrecht hast. Sie ist ja manchmal in ihrer Aufgeregtheit so, daß man meint, sie könne einen nicht leiden u. gebraucht bitterböse Worte. Aber sie ist dann auch bald wieder gut – u. wenn Du sie recht nimmst, freundlich u. versöhnlich zu ihr bist, so ist sie um den Finger zu wickeln u. zärtlich u. gut, wie nur ein Mensch sein kann. Sie stand ja am Anfang mit Euch – gerade mit Dir – so gut!

Versuchs, überwinde Dich ein wenig. Vergiß nicht, daß sie es sehr schwer hat; daß sie sich ungeheure Mühe gibt u. sehr gewissenhaft ist; daß sie gerade durch den Krieg in traurige Konflikte gestürzt ist u. sich grenzenlos vereinsamt fühlt; daß ihr Vater gestorben ist. Bemühe dich, ihr Freund zu werden; es wird viel leichter sein, als Du denkst. *Frage* sie nach dem u. jenen; sei kein vorlauter Besserwisser – aber immerhin denke u. phantasiere frisch drauf los. Sei heiter, lustig – lach über tausend Sachen; Du warst ein so lustiges Kerlchen – u. kannst es wieder sein, wenn Du Dich zur Frische u. Kühnheit aufschwingst – in die freie Luft des Denkens u. Handelns.

Bald hoffe ich Euch zu sehn. Aber noch ist alles in der Schwebe. Gestern wollte ich fort – bis heut fehlt mir die Antwort auf mein Gesuch. Ich weiß nicht, was los ist. Nun, seid artig u. tapfer u. findet Euch damit ab, wenn Ihr zu Haus' bleiben müßt. Sonja braucht Schonung – nehmt alle Rücksicht – behandelt sie als Kranke, als Schwerkranke – ich bitte Euch von Herzen.

Nun, leb wohl – heb Dir diesen Brief auf, lies ihn gründlich u. lieber zweimal als einmal; laß ihn auch Böbbchen lesen. Mit mir ists, wie stets – wie tief gedrückt ich mich fühle, könnt Ihr Euch denken.

Alles alles Gute, mein Kind. Denkt stets, wie lieb ich Euch habe.

Ich küsse Euch viel vielmals

Euer Papa

[o. D.]

Bobb soll

  I. 1) Ortsgeographische Lage (zu Bahnhöfen bes.)
           der neuen Wohnung,
      2) Grundriß der neuen Wohnung
      3) Einrichtung ihrer Haupträume,
           zeichnen u. schicken.
     Weiter
  II. Von seinen Schmetterlingen u. ihrer Zucht schrei-
      ben u. sich auch daran im Zeichnen u. Malen üben.
 III. Schreiben, was ihm im Amsterd. Reichsmuseum
      bes. gefallen hat.
 IV. Was er liest u.
  V. über Schule.
   – Freiübungen – Spazierengehen nicht vergessen.
   Zentralheizung stets abstauben!

[o.D.]

Bobbi – schon heute Geburtstagsküsse –
u. die »deutschen Volksbücher«.

Ich freue mich sehr über den Unterricht bei Sophie Cohn.

Danke ihr sehr von mir u. richte ihnen allen meine besten Grüße aus!

Schule nicht vergessen! Freiübungen! Frische Luft! Keine kalten Füße! Kein kalter Leib!

———

Bobbi:
»O̅s der Mund und ŏs das Bein,
Müssen immer Neutrum sein.«

O̅s, oris
os, ossis;
oder ist das erste ŏs und das zweite o̅s?
Guck im Lexikon nach
    u. Küsse.

Anhang

Biographische Chronik

1871
13. August: Geburt Karl Liebknechts in Leipzig, Braustraße 11 (heute Nr. 15), als zweiter Sohn von Wilhelm Liebknecht (29. März 1826-7. August 1900) und Wilhelmine Natalie geborene Reh (19. Juli 1835-1. Februar 1909).

1878-1881
Besuch einer Bürgerschule in Leipzig.

1881-1890
Besuch des Nikolai-Gymnasiums in Leipzig.

1890
September: Übersiedlung der Familie Liebknecht nach Berlin-Charlottenburg, Kantstraße 160.

1890-1893
Karl Liebknecht studiert Rechts- und Kameralwissenschaften an der Universität Leipzig und an der Friedrich-Wilhelm-Universität in Berlin, wo er auch Vorlesungen in Nationalökonomie, Philosophie und Geschichte hört.

1894-1898
Referendarzeit Karl Liebknechts in Arnsberg und Paderborn.

1897
Promotion Karl Liebknechts zum Dr. jur. et rer. pol. an der Universität Würzburg.

1899
5. April: Karl Liebknecht legt die große Staatsprüfung (Assessorenprüfung) ab.

13. Mai: Eintragung in die Liste der Rechtsanwälte und Zulassung an den Landgerichten I und II in Berlin.

Eröffnung der Rechtsanwaltspraxis von Theodor und Karl Liebknecht, die sich bis 1903 an der Spandauer Brücke 8 befand.

1900

8. Mai: Eheschließung Karl Liebknechts mit Julia Paradies; Wohnung in der Kaiser-Wilhelm-Straße 19.

7. August: Tod des Vaters Wilhelm Liebknecht.

12. August: Beerdigung Wilhelm Liebknechts, an der ca. 150 000 Menschen, darunter viele bekannte Vertreter der II. Internationale, teilnehmen.

August: Karl Liebknecht wird Mitglied der Sozialdemokratischen Partei Deutschlands.

1901

6. März: Geburt des Sohnes Wilhelm (Helmi).

6. November: Wahl Karl Liebknechts in die Berliner Stadtverordnetenversammlung, in der er bis 1913 Abgeordneter war.

1902

September: Unter dem Titel »Die neue Methode« erscheint in der »Neuen Zeit« Karl Liebknechts erster wissenschaftlicher Artikel zu Problemen der sozialistischen Arbeiterbewegung.

1903

26. Februar: Geburt des zweiten Sohnes Robert (Bob).

16. Juni: Karl Liebknecht kandidiert erstmals bei Reichstagswahlen im Wahlkreis Potsdam-Spandau-Osthavelland und unterliegt dem konservativen Gegenkandidaten bei Stichwahlen am 25. Juni 1903 knapp.

1904

Die Familie Karl Liebknechts zieht von der Kaiser-Wilhelm-Straße 19 nach Berlin-Altmoabit 9, wo sie bis März 1912 lebte.

Das Rechtsanwaltsbüro befindet sich bis 1908 in der Kaiser-Wilhelm-Straße 46.

Juli: Karl Liebknecht gehört neben den Rechtsanwälten Hugo Heinemann, Schwartz und Hugo Haase zu den Verteidigern von neun deutschen Sozialdemokraten, die wegen illegalen Transports von Literatur für die russische Arbeiterbewegung des Hochverrats bezichtigt werden.

September: Erstmalige Teilnahme an einem sozialdemokratischen Parteitag, der in Essen stattfindet. In der Diskussion begründet Karl Liebknecht seinen Antrag auf spezielle antimilitaristische Agitation unter der Jugend.

1905

Dezember: Bekanntschaft mit Sophie Ryss (Sonja), einer am 18. Januar 1884 in Rostow am Don geborenen Studentin der Kunstgeschichte, die an einem französischen Gymnasium in Lausanne ihr Abitur abgelegt hatte.

1906

24. April: Geburt der Tochter Vera.

30. September: Karl Liebknecht referiert auf der 1. Generalversammlung des Verbandes junger Arbeiter Deutschlands in Mannheim vor 200 Teilnehmern zum Thema »Jugend und Militarismus«.

1907

Februar: Karl Liebknechts Schrift »Militarismus und Antimilitarismus unter besonderer Berücksichtigung der internationalen Jugendbewegung« erscheint.

24.-26. August: I. Internationale Konferenz der sozialistischen Jugendorganisationen; Karl Liebknecht wird zum Präsidenten der Internationalen Verbindung sozialistischer Jugendorganisationen gewählt.

9.-12. Oktober: Hochverratsprozeß gegen Karl Liebknecht wegen seiner Schrift »Militarismus und Antimilitarismus« vor dem Reichsgericht in Leipzig, in dem er zu $1^1/_2$ Jahren Festungshaft verurteilt wird.

24. Oktober: Haftantritt auf der Festung Glatz.

1908
6.–11. Juni: Besuch Helmis in Glatz.
16. Juni: Wahl Karl Liebknechts ins preußische Abgeordnetenhaus.
Umzug des Rechtsanwaltsbüros von der Kaiser-Wilhelm-Straße 46 nach der Chausseestraße 121.

1909
1. Juni: Ende der Festungshaft Karl Liebknechts.
23.–25. Juni: Debüt Karl Liebknechts im preußischen Abgeordnetenhaus, mehrfache Auftritte gegen die reaktionäre Machtausübung durch Bürokratie, Polizei und Militär.

1910
5. Januar: Referat Karl Liebknechts auf dem Parteitag der Sozialdemokratischen Partei Preußens in Berlin zur Begründung seines Antrages mit Leitsätzen zur Verwaltungsreform und zur Steigerung der Kämpfe um ein demokratisches Wahlrecht in Preußen.
23. September: Rede auf dem Magdeburger Parteitag der deutschen Sozialdemokratie zur Unterstützung des Antrages von Rosa Luxemburg über Wahlrechtskampf und politischen Massenstreik.
10. Oktober–30. November: Agitationsreise Karl Liebknechts durch die USA.

1911
22. August: Karl Liebknechts Frau Julia stirbt während der Kur in Bad Ems nach einer Operation.

1912
Robert Liebknecht besucht bis 1919 das Gymnasium in Steglitz.
12. Januar: Karl Liebknecht wird im Wahlkreis Potsdam-Spandau-Osthavelland in den Reichstag gewählt.
März: Wohungswechsel von Berlin-Altmoabit 9 nach Lichterfelde, Hortensienstraße 41, wo die Familie Karl Liebknechts bis November 1916 wohnt.

1. Oktober: Eheschließung Karl Liebknechts mit Sophie Ryss.

1913/14
Karl Liebknecht enthüllt im Reichstag, in der Presse, auf Kundgebungen und im Zusammenwirken mit französischen und englischen Antimilitaristen die Kriegstreibereien und den verlogenen Patriotismus international verquickter Rüstungskonzerne und Finanzkapitalisten.
Sammlung von weiteren Materialien zu einer Anklageschrift gegen die »Internationale der Rüstungsindustrie« nach Erfahrungen, die er 1913 bei seinen Aktionen zu den Krupp-Enthüllungen gewonnen hatte.
Karl Liebknecht beteiligt sich am Kampf um die Befreiung politischer Gefangener Rußlands durch Unterschriftensammlungen für einen Appell an das Gewissen Europas und andere Hilfsaktionen.

1914
1. August: Beginn des ersten imperialistischen Weltkrieges.
4. August: Karl Liebknecht beugt sich dem sozialdemokratischen Fraktionszwang zur Kriegskreditbewilligung.
September: Reise Karl Liebknechts nach Belgien und Holland.
2. Dezember: Die Ablehnung der Kriegskredite durch Karl Liebknecht im Reichstag wird zum Signal für die Antikriegsopposition.

1915
Karl Liebknechts Dokumentation »Klassenkampf gegen den Krieg« erscheint und wird illegal verbreitet.
6. Februar: Karl Liebknecht erhält den Gestellungsbefehl für ein Armierungsbataillon.
24. März: Eintreffen beim 49. Armierungsbataillon in Dieuze (Lothringen).
13.Mai-Ende Juni: Karl Liebknecht hält sich zu den Verhandlungen des Reichstags in Berlin auf.
Mai: Illegale Verbreitung seines Flugblatts »Der Hauptfeind steht im eigenen Land!«

29. Juni: Ankunft in der Kommandantur von Küstrin.

12. August–3. September: Karl Liebknecht beginnt während der Reichstagsverhandlungen in Berlin einen Anfragenfeldzug, der die rasche Beendigung des Krieges zum Ziel hat.

3. September: Rückfahrt zur Ostfront.

1. November–Anfang Dezember: Aufenthalt in den Lazaretten Mitau, Königsberg und Berlin-Schöneberg.

1916

Anfang Januar: Reichskonferenz der Gruppe »Internationale« in Liebknechts Rechtsanwaltsbüro in Berlin, Chausseestr. 121.

19. März: Karl Liebknecht referiert über die Aufgaben der Opposition gegen den Krieg auf der Reichskonferenz der Spartakusgruppe in Berlin.

23./24. April: Illegale Teilnahme Karl Liebknechts an der Konferenz der oppositionellen sozialistischen Jugend in Jena.

1. Mai: Von der Spartakusgruppe organisierte Demonstration auf dem Potsdamer Platz in Berlin. Karl Liebknecht ruft: »Nieder mit dem Krieg! Nieder mit der Regierung!« Er wird verhaftet und in die Nördliche Militärarrestanstalt in Moabit eingeliefert.

28. Juni: Gerichtsverhandlung erster Instanz wegen Landes- und Kriegsverrats vor dem Kommandanturgericht in Berlin. Gegen das Urteil legen sowohl Karl Liebknecht als auch der stellvertretende Gerichtsherr Berufung ein.

Juli/August: Wilhelm und Robert fahren mit einer Gruppe Naturfreunde nach Hamburg und in die Lüneburger Heide.

23. August: Gerichtsverhandlung zweiter Instanz vor dem Oberkriegsgericht. Karl Liebknecht wird zu 4 Jahren und einem Monat Zuchthaus und zum Verlust der bürgerlichen Ehrenrechte für 6 Jahre verurteilt.

1. Dezember: Umzug der Familie Liebknecht von Lichterfelde, Hortensienstraße 14, nach Berlin-Steglitz, Bismarckstraße 75.

8. Dezember: Karl Liebknecht wird ins Zuchthaus Luckau überführt.

1917

Ostern: Robert und Vera halten sich in Frankfurt/Main bei der Familie Otto Liebknechts, einem Bruder Karl Liebknechts, auf.

Frühjahr–Mitte Juni: Sophie Liebknecht befindet sich im Sanatorium in Ebenhausen.

Juli: Wilhelm verbringt die Ferien bei Otto Rühle in Mulda im Erzgebirge, Robert reist nach Holland und Vera nach Sellin/Rügen.

Oktober–Dezember: Wilhelm wird aus der Schule genommen, um ihn vor Schikanen zu schützen.

Ende Dezember: Wilhelm, Robert und Vera besuchen Weihnachten die Familie Otto Liebknechts in Frankfurt/Main.

1918

Juni: Wilhelm und Robert halten sich bei Freunden Karl Liebknechts am Ammersee auf.

Vera lebt bis 1919 in der Familie eines Diamantenschleifers und Bekannten Karl Liebknechts in Holland.

23. Oktober: Karl Liebknecht wird aus dem Zuchthaus Luckau entlassen.

24. Oktober: Empfang in der sowjetischen Botschaft in Berlin zu Ehren von Karl Liebknecht. An ihm nehmen auch Sophie und Robert teil.

26. Oktober: Karl Liebknecht, Wilhelm Pieck und Ernst Meyer vertreten die Spartakusgruppe im Vollzugsausschuß der revolutionären Obleute.

3. November: Beginn der Novemberrevolution.

9. November: Bewaffneter Aufstand in Berlin. Karl Liebknecht ruft vom Berliner Schloß die freie sozialistische Republik Deutschland aus. Er stellt für seinen Eintritt in eine aus SPD- und USPD-Funktionären gebildete Regierung Bedingungen, die die Frage der Macht klären sollen. Seine Bedingungen werden abgelehnt.

10. November: Bildung des Spartakusbundes, zu dessen Zentrale Karl Liebknecht gehört. Zusammen mit Rosa Luxemburg übernimmt er die Redaktion der »Roten Fahne«.

30. Dezember–1. Januar 1919: Gründungsparteitag der KPD

(Spartakusbund). Karl Liebknecht wird in die Zentrale gewählt.

1919
4.-13. Januar: Karl Liebknecht nimmt an den Januarkämpfen in Berlin teil.
Januar: Wilhelm, der sich an den Kämpfen um den »Vorwärts« beteiligt, und auch Robert und Sophie werden kurzzeitig verhaftet.
15. Januar: Ermordung Karl Liebknechts und Rosa Luxemburgs.
25. Januar: Beisetzung Karl Liebknechts und weiterer ermordeter Revolutionäre in Berlin-Friedrichsfelde.
Robert Liebknecht begegnet Käthe Kollwitz, besucht die Lewin-Funcke-Malschule in Berlin und nimmt Zeichenunterricht bei Hans Baluschek und Willy Jaeckel.

Anf. 20er Jahre
Wilhelm Liebknecht legt durch Vermittlung von Konrad Haenisch, sozialdemokratischer preußischer Kultusminister von 1919–1921, extern sein Abitur in Frankfurt/Main ab.

1921
Robert Liebknecht legt extern das Abitur am Gymnasium in Berlin-Schöneberg ab, auf das er sich in Blankenburg im Harz vorbereiten konnte.
Er hält sich zeitweilig in Wien auf, wo er bei Susanne Leonhard, einer Freundin von Sophie Liebknecht, wohnt.

1921/22
Robert Liebknecht setzt seine Studien an der Lewin-Funcke-Malschule fort, weil ein Studium an den Kunstakademien in Berlin und Wien nicht möglich ist.

1923-1930
Robert Liebknecht studiert an der Kunstakademie in Dresden in der Malklasse von Max Feldbauer und ist Meisterschüler bei Robert Sterl.

vor 1925
Wilhelm Liebknecht absolviert 4 Semester Staatsrecht an der Universität Wien.

1925
Sophie Liebknecht gibt die Wohnung in Berlin-Steglitz, Bismarckstraße 75, auf und zieht in das Gartenhaus IV Berlin W, Bayrischer Platz 4. Die Bestände von Karl Liebknechts Bibliothekszimmer werden ins Büro der Rechtsanwälte Liebknecht in der Chausseestraße 121 gebracht, wo sie 1944 der Kriegszerstörung anheimfallen.
Oktober: Vera Liebknecht nimmt an der Universität Wien ein Medizinstudium auf, sie wohnt in der Wohnung von Wilhelm in Wien.
Dezember: Aufenthalt Wilhelms in Tunis.

1926
Reisen von Wilhelm nach Algerien und Frankreich.

1926/27
Aufenthalt Roberts in Frankreich.

1927
Aufenthalt Wilhelms in England.
Ende des Jahres: Reise Wilhelms nach Moskau, wo er sich zeitlebens niederläßt.
Eheschließung Robert Liebknechts mit Hertha, geborene Goldstein, in Dresden.

1928
Wilhelm unternimmt von Moskau aus Reisen durch die Sowjetunion.

1929
Oktober–Januar 1930: Reise Roberts in die Sowjetunion.
1929/1930–Januar 1931 Erkrankung Wilhelms an Typhus, Aufenthalt in Krankenhäusern und Sanatorien.
Wilhelm Liebknecht arbeitet zeitweilig für das Marx/Engels-

Institut in Moskau, ist als Sprachwissenschaftler tätig und fertigt Übersetzungen für verschiedene Verlage an.

1930-1933
Robert arbeitet als Graphiker und Maler in Berlin, wohnt im Wedding und unterrichtet zeitweilig an der Volkshochschule Berlin-Neukölln als Dozent für Kunsterziehung.

1931
Dezember: Vera promoviert an der Wiener Universität zum Dr. med.
15. Dezember: Eheschließung Vera Liebknechts mit Max Edel, einem Arzt in Wien.

1932
26. März: Geburt von Maja, der Tochter von Wilhelm Liebknecht und seiner Lebensgefährtin Warwara Kosarewa.
August: Vera erkrankt an Tuberkulose.
Aufenthalte in verschiedenen Krankenhäusern und Sanatorien.

1933
April: Emigration von Robert und Hertha Liebknecht nach Paris.

1934
Juni: Sophie Liebknecht hält sich in London auf und übersiedelt nach Moskau.
15. Oktober: Vera stirbt in Perchtoldsdorf bei Wien an Tuberkulose.

1935-1958
Sophie Liebknecht unterrichtet an der Hochschule für Diplomatie und im Außenministerium der UdSSR deutsche Sprache und Kulturgeschichte.

1936
Robert Liebknecht schließt sich in Paris einem Kollektiv antifaschistisch gesinnter deutscher Künstler an.

30er/40er Jahre
Wilhelm Liebknecht hilft Opfern der Repressalien unter Stalin und wird deshalb aus der KPdSU ausgeschlossen.

1937
Robert Liebknecht wird durch den NS-Staat ausgebürgert.

1939/40
Robert und Hertha Liebknecht werden in Frankreich interniert und zum Arbeitsdienst verpflichtet.

1940-1943
Robert und Hertha Liebknecht leben in Calvisson (Dept. Gard) im unbesetzten Gebiet Frankreichs und haben Kontakte zur antifaschistischen Widerstandsbewegung.

1941
16. August: Geburt von Marianne, der Tochter Robert und Hertha Liebknechts.
Wilhelm Liebknecht ist während des Krieges mit seiner Familie in Usbekistan, arbeitet dort an einem usbekisch-deutschen Wörterbuch mit.

1943
Flucht Robert Liebknechts mit der Familie in die Schweiz.

1948
Rückkehr der Familie Robert Liebknechts nach Paris.

1956
Robert Liebknecht erhält die französische Staatsbürgerschaft.

1964
11. November: Tod von Sophie Liebknecht.

1975
30. April: Tod von Wilhelm Liebknecht.

Anmerkungen

41 *Onkel Thele* – Theodor Liebknecht (1870-1948), Rechtsanwalt, älterer Bruder Karl Liebknechts, betrieb mit ihm gemeinsam eine Rechtsanwaltspraxis in Berlin.
Tante Lu – Lucie Liebknecht, geb Bouvelle, Frau von Theodor
Liebknecht, von Beruf Kontoristin.

46 *Ilse* – Tochter von Theodor Liebknecht, Schwester von Charlotte.

47 *Onkel Thele* – Vgl. die erste Anm. zu S. 41.
Onkel Willi – Wilhelm Liebknecht (1877-1972), ein Bruder
Karl Liebknechts, der ebenfalls Rechtsanwalt war.

61 *Onkel Thele* – Vgl. die erste Anm. zu S. 41.

72 *Fräulein Kopfs* – Vermutlich eine Hausangestellte der Familie
Liebknecht.
Julie – Vermutlich eine Hausangestellte der Familie Lieb-
knecht.
Mama… zu Bett liegen muß – Julia Liebknecht weilte zur Kur
in Bad Ems und mußte sich einer Gallenoperation unterziehen,
an deren Folgen sie am 22. August 1911 verstarb.
Wunderlichs – Verwandte aus der Familie Paradies, die in
Breslau lebten.
Tante Guste – Vermutlich eine Verwandte aus der Familie
Paradies.

74 *Jena* – Karl Liebknecht war Delegierter auf dem sozialdemo-
kratischen Parteitag, der vom 10. bis 16. September 1911 in
Jena stattfand.
Kinkel – Gottfried Kinkel aus Göppingen war ebenfalls Dele-
gierter auf dem sozialdemokratischen Parteitag in Jena.
Frl. Kantorowicz – Hauslehrerin von Wilhelm und Robert.
Tante Cohn – Sophie Cohn, Künstlerin, Frau des sozialdemo-
kratischen Rechtsanwalts Oskar Cohn und enge Freundin Julia
Liebknechts, gab Robert später Zeichenunterricht.
Onkel Thele – Vgl. die erste Anm. zu S. 41.
Weimar – Karl Liebknecht sprach am 14. September 1911 in
Weimar auf einer öffentlichen Versammlung zum Thema: »Ma-
rokko-Konflikt, Kriegshetzer und das deutsche Volk«.
Jaffé – Hauslehrer der Söhne Karl Liebknechts.

75 *umständliche Fahrt* - Anfang September 1914 reiste Karl Liebknecht nach Belgien und Holland, um nach dem Bruder seiner Frau Sophie zu suchen, der in Lüttich studiert hatte und seit Kriegsausbruch verschollen war. Gleichzeitig nahm er Kontakte zu Vertretern sozialdemokratischer Parteien auf.

Kanonengedröhn - Um Karl Liebknecht aus dem politischen Leben auszuschalten, übermittelten ihm die Militärbehörden den Gestellungsbefehl. Er mußte am 21. März 1915 Berlin verlassen und sich am 24. März 1915 zum Dienst beim 49. Armierungsbataillon in Dieuze (Lothringen) melden.

Bald bin ich bei Euch - Als Abgeordneter des Deutschen Reichstags mußte Karl Liebknecht zur Teilnahme an dessen Sitzungen von der Front beurlaubt werden.

76 *ging ich fort* - Nach Beendigung der Reichstagssitzungen mußte sich Karl Liebknecht auf der Kommandantur in Küstrin melden, die ihn zum 102. Armierungsbataillon an die Ostfront beorderte.

79 *Vorw. u. Berl. Tgblatt* - Die sozialdemokratische Zeitung »Vorwärts« und das bürgerliche »Berliner Tageblatt«.

80 *Abfahrt aus Berlin* - Vgl. die Anm. zu S. 76.

Korbs, Kaden u. Richter - Bekannte vom Urlaubsaufenthalt der Familie Liebknecht in Oberwiesenthal.

82 *Wann u. ob ich komme* - Vom 12. August bis 2. September 1915 weilte Karl Liebknecht zu den Reichstagsverhandlungen in Berlin.

W. Paradies - Willi Paradies, Bruder von Julia, der ersten Frau Karl Liebknechts.

83 *Adolf* - Adolf Ryss, Bruder Sophie Liebknechts.

Thedel - Vgl. die erste Anm. zu S. 41.

Alice - Alice Geiser (1857-1933), Schwester Karl Liebknechts aus der ersten Ehe seines Vaters.

85 *Thele* - Vgl. die erste Anm. zu S. 41.

Willi - Vgl. die zweite Anm. zu S. 47.

Curt - Curt Liebknecht (1879-1966), ein Bruder Karl Liebknechts, der als Arzt tätig war.

Alice - Vgl. die dritte Anm. zu S. 83.

Gertrud - Gertrud Swienty (1863-1936), Schwester Karl Liebknechts, die aus der ersten Ehe seines Vaters stammte.

Otto - Otto Liebknecht (1876-1951), ein Bruder Karl Liebknechts, war ein bekannter Chemiker und lebte mit seiner Frau Elsa sowie den Kindern Kurt und Edith in Frankfurt/Main.

Etty - Vermutlich eine Verwandte aus der Familie Paradies.

Hedwig - Vermutlich eine Verwandte aus der Familie Paradies.

85　*Isy* – Isy Paradies war ein Onkel von Julia Liebknecht. Er hatte zusammen mit Theodor Liebknecht die Vormundschaft für die Kinder nach der Ermordung Karl Liebknechts übernommen.

　　Guste – Vgl. die letzte Anm. zu S. 72.

88　*Alice* – Vgl. die dritte Anm. zu S. 83.

90　*Alice* – Vgl. die dritte Anm. zu S. 83.

　　Willi Paradies – Vgl. die zweite Anm. zu S. 82.

　　Fritz Par – Verwandter aus der Familie Paradies.

　　Willy P. – Vgl. die zweite Anm. zu S. 82.

91　*Isy* – Vgl. die vorletzte Anm. zu S. 85.

　　Etty – Vgl. die siebte Anm. zu S. 85.

　　Kucke – Kurt Geiser, Sohn von Alice Geiser, genannt Kucke

　　Lu – Vgl. die zweite Anm. zu S. 41.

　　Alice – Vgl. die dritte Anm. zu S. 83.

93　*Th[ele]* – Vgl. die erste Anm. zu S. 41.

94　*Hans* – Hans Geiser, Sohn von Alice Geiser.

　　Kucke – Vgl. die dritte Anm. zu S. 91.

　　Alice – Vgl. die dritte Anm. zu S. 83.

　　Etty – Vgl. die siebte Anm. zu S. 85.

95　*Euer beider Grüße* – Robert und Wilhelm waren 1916 mit einer Naturfreundegruppe per Kahn nach Hamburg gefahren.

96　*Der neue Termin* – Karl Liebknecht war während der Antikriegskundgebung am 1. Mai 1916 in Berlin verhaftet und des Landes-und Kriegsverrats bezichtigt worden. Gegen das Urteil der Gerichtsverhandlung erster Instanz, die am 28. Juni 1916 stattfand, legten sowohl Karl Liebknecht als auch der Vertreter der Militärbehörden Berufung ein. In der Verhandlung zweiter Instanz vor dem Oberkriegsgericht am 23. August 1916 wurde die Strafe erhöht und Karl Liebknecht zu 4 Jahren und 1 Monat Zuchthaus sowie zur Aberkennung der bürgerlichen Ehrenrechte für 6 Jahre verurteilt.

99　*Luckau* – Karl Liebknecht war von Dezember 1916 bis Oktober 1918 im Zuchthaus Luckau inhaftiert.

104　*Frau Marcusson* – Wanda Marcusson, mit der Familie Liebknecht eng befreundet.

　　Cohn's – Vgl. die vierte Anm. zu S. 74.

　　Isy - Vgl. die vorletzte Anm. zu S. 85.

　　Tante Hedwig – Vgl. die achte Anm. zu S. 85.

110　*Sylvia u. Mira* – Schwestern von Sophie Liebknecht.

　　Irene u. Marianne – Töchter von Jascha und Sylvia Spielrein, des Schwagers und der Schwester von Sophie Liebknecht.

　　Etty – Vgl. die siebte Anm. zu S. 85.

　　Tante Hedwig – Vgl. die achte Anm. zu S.85.

110 *Isy* – Vgl. die vorletzte Anm. zu S. 85.
   Guste – Vgl. die letzte Anm. zu S. 72.
   den beiden Kurts – Vgl. die dritte Anm. zu S. 85 und die dritte
   Anm. zu S. 91.
   Thedel – Vgl. die erste Anm. zu S. 41.
   Willi Par – Vgl. die zweite Anm. zu S. 82.
112 *Tante Alice* – Vgl. die dritte Anm. zu S. 83.
   Frankfurt – Robert weilte Ostern 1917 zusammen mit Vera in
   Frankfurt (Main) bei Karl Liebknechts Bruder Otto.
   Onkel Thedel – Vgl. die erste Anm. zu S. 41.
113 *Tante Etty* – Vgl. die siebte Anm. zu S. 85.
   Tante Guste – Vgl. die letzte Anm. zu S. 72.
   Tante Hedwig – Vgl. die achte Anm. zu S. 85.
114 *Lene und Grete* – Verwandte aus der Familie Paradies.
   Isy und Auguste – Vgl. die vorletzte Anm. zu S. 85 und die
   letzte Anm. S. 72.
   Onkel Curt – Vgl. die dritte Anm. zu S. 85.
   Willi Paradies – Vgl. die zweite Anm. zu S. 82.
   Willi u. Otto – Vgl. die zweite Anm. zu S. 47 und die sechste
   Anm. zu S. 85.
115 *Carl Otto* – Sohn von Theodor Liebknecht.
   Tante Etty – Vgl. die siebte Anm. zu S. 85.
   Tante Hedwig – Vgl. die achte Anm. zu S. 85.
   Guste und Isy – Vgl. die letzte Anm. zu S. 72 und die vorletzte
   Anm. zu S. 85.
   Onkel Kurt – Vgl. die dritte Anm. zu S. 85.
   Kucke – Vgl. die dritte Anm. zu S. 91.
   Thedel – Vgl. die erste Anm. zu S. 41.
   Willi Paradies – Vgl. die zweite Anm. zu S. 82.
   Sylvia – Vgl. die erste Anm. zu S. 110.
   Irene u. Marianne – Vgl. die zweite Anm. zu S. 110.
117 *Frankfurter Reise* – Vgl. die zweite Anm. zu S. 112.
   Hilma – Hilma Stöhr, Hausgehilfin der Familie Liebknecht.
118 *Alice* – Vgl. die dritte Anm. zu S. 83.
   il faut… – (franz.) Man muß von der Gelegenheit profitieren.
   Spart. – Gemeint sind die seit Januar 1916 illegal erscheinen-
   den »Politischen Briefe«, die mit «Spartacus« gezeichnet wurden und der größten linken Gruppe Deutschlands den Namen
   gaben.
119 *Lenchen* – Deckname für Leo Jogiches, der nach der Verhaftung Karl Liebknechts, Rosa Luxemburgs u. a. Führer der
   Spartakusgruppe deren Leitung übernahm.
   Etty – Vgl. die siebte Anm. zu S. 85.

119 *Wanda* – Vgl. die erste Anm. zu S. 104.
   Isy – Vgl. die vorletzte Anm. zu S. 85.
   Guste – Vgl. die letzte Anm. zu S. 72.
   Lu. – Vgl. die zweite Anm. zu S. 41.
   Gertrud – Vgl. die fünfte Anm. zu S. 85.
   Hans – Vgl. die erste Anm. zu S. 94.
   Wims – Vgl. die zweite Anm. zu S. 47.
   Tante Hedwig – Vgl. die achte Anm. zu S. 85.
   Holland – Wilhelm und Robert, wahrscheinlich auch Vera,
   sollten 1917 die Ferien bei einer holländischen Familie in
   Arnheim verbringen, die sich armer, hungernder Kinder an-
   nahm. Aber schließlich konnte nur Robert fahren.
120 *Alice* – Vgl. die dritte Anm. zu S. 83.
   Der arme Erwin – Sohn der Familie Marcusson, die mit Lieb-
   knechts eng befreundet war.
   Wanda – Vgl. die erste Anm. zu S. 104.
121 *Etty* – Vgl. die siebte Anm. zu S. 85.
   Alice – Vgl. die dritte Anm. zu S. 83.
122 *Alice* – Vgl. die dritte Anm. zu S. 83.
   Isy – Vgl. die vorletzte Anm. zu S. 85.
   Tante Hedwig – Vgl. die achte Anm. zu S. 85.
   Etty – Vgl. die siebte Anm. zu S. 85.
   Onkel Thele – Vgl. die erste Anm. zu S. 41.
   Curt – Vgl. die dritte Anm. zu S. 85.
   Kucke – Vgl. die dritte Anm. zu S. 91.
123 *Reise-Bericht* – Vgl. die zweite Anm. zu S. 112.
   nach Holland – Vgl. die letzte Anm. zu S. 119.
124 *Willi* – Vgl. die zweite Anm. zu S. 47.
   Hofer – Adolf Hofer, sozialdemokratischer Abgeordneter im
   Preußischen Abgeordnetenhaus, im April 1917 in die Leitung
   der USPD gewählt, besaß in Ostpreußen ein Gut.
   Rühle – Otto Rühle gehörte vor dem 1. Weltkrieg zu den
   Linken in der deutschen Sozialdemokratie, stimmte 1915/16
   gemeinsam mit Karl Liebknecht im Reichstag gegen die Kriegskredite und wurde Führer der Dresdner Linksradikalen. Helmi
   sollte im Juli 1917 seine Ferien bei Rühle in Mulda verbringen.
   Er verzankte sich jedoch nach wenigen Tagen mit Otto Rühle
   und kehrte nach Berlin zurück.
   Oberwiesenthal – 1913 verbrachten Sophie und Karl Liebknecht mit den drei Kindern den Urlaub in Oberwiesenthal.
126 *Holland* – Vgl. die letzte Anm. zu S. 119.
   Onkel Thedel – Vgl. die erste Anm. zu S. 41.
127 *Rühles Besitz* – Vgl. die dritte Anm. zu S. 124.

127 *Frau Cohn* – Vgl. die vierte Anm. zu S. 74.
     Holland – Vgl. die letzte Anm. zu S. 119.
     Th. – Vgl. die erste Anm. zu S. 41.
129 *Muldaer Konflikt* – Vgl. die dritte Anm. zu S. 124.
131 *Sub specie aeternitatis* – Im Licht der Ewigkeit.
132 *Rühle* – Vgl. die dritte Anm. zu S. 124.
133 *Tatarennachrichten à la 12. 8.* – Das »Berliner Tageblatt« hatte
     gemeldet, Karl Liebknecht sei schwer erkrankt.
     Adolf – Vgl. die erste Anm. zu S. 83.
     Holland – Vgl. die letzte Anm. zu S. 119.
134 *neue Wohnung* – Am 1. Dezember 1916 war die Familie
     Liebknecht nach Berlin-Steglitz, Bismarckstr. 75, umgezogen.
     Affäre Rühle – Vgl. die dritte Anm. zu S. 124.
     Lotte und Poch – Charlotte und Thea, die von der Familie »Poch«
     genannt wurde, waren die Töchter von Theodor Liebknecht.
135 *Hilma* – Vgl. die zweite Anm. zu S. 117.
     Curt – Vgl. die dritte Anm. zu S. 85.
     Th. – Vgl. die erste Anm. zu S. 41.
     W. Par – Vgl. die zweite Anm. zu S. 82.
     Kucke – Vgl. die dritte Anm. zu S. 91.
     Tante Etty – Vgl. die siebte Anm. zu S. 85.
136 *Salomon.* – Salomon, Hausarzt der Familie Liebknecht, Mann
     von Karl Liebknechts Nichte Sonja Swienty.
     Onkel Th. – Vgl. die erste Anm. zu S. 41.
     Lotte – Vgl. die dritte Anm. zu S. 134.
145 *Frankfurt* – Weihnachten 1917 verbrachten die drei Kinder
     bei ihrem Onkel Otto in Frankfurt/Main.
     Onkel Thele – Vgl. die erste Anm. zu S. 41.
146 *Adolf* – Vgl. die erste Anm. zu S. 83.
     Frankfurt – Vgl. die erste Anm. zu S. 145.
     W. Par. – Vgl. die zweite Anm. zu S. 82.
147 *Frankfurt* – Vgl. die erste Anm. zu S. 145.
     Lotti und Poch – Vgl. die dritte Anm. zu S. 134.
     Thomasiusstraße – In der Berliner Thomasiusstraße 18 wohn-
     te die Familie Theodor Liebknechts.
148 *Frankfurter Onkels* – Vgl. die beiden Anm. zu S. 145.
     profiter de l'occasion – Vgl. die zweite Anm. zu S. 118.
     Ottos – Vgl. die sechste Anm. zu S. 85.
     Onkel Th. – Vgl. die erste Anm. zu S. 41.
     Alice – Vgl. die dritte Anm. zu S. 83.
149 *Willis* – Vgl. die zweite Anm. zu S. 47.
     Qui quid latet apparebit! – Was auch verborgen ist, es wird
     zutage treten.

149 *verlassen* - Robert konnte die geplante Reise nach Holland wegen einer Erkrankung nicht antreten.
151 *holländisches Projekt* - Vgl. die letzte Anm. zu S. 119.
   Sophie C. - Vgl. die vierte Anm. zu S. 74.
152 *Lotte, Poch* - Vgl. die dritte Anm. zu S. 134.
152 *Thomasiusstraße* - Vgl. die dritte Anm. zu S. 147.
   Willi - Vgl. die zweite Anm. zu S. 47.
153 *Onkel Curt* - Vgl. die dritte Anm. zu S. 85.
154 *Holland* - Vgl. die letzte Anm. zu S. 119.
156 *Holland* - Vgl. die letzte Anm. zu S. 119.
   S. C. - Vgl. die vierte Anm. zu S. 74.
161 *ans Meer* - Vera hatte die Möglichkeit, sich bei einer holländischen Familie in Scheveningen aufzuhalten. Sie blieb dort bis 1919 und sah ihren Vater bis zu dessen Ermordung nicht mehr.
164 *Onkel Curts* - Vgl. die dritte Anm. zu S. 85.
   nach Rostow geschrieben - Sophie Liebknecht, die in Rostow am Don geboren wurde, bangte um ihre Mutter und andere Verwandten, die dort lebten.
167 *Sophie Cohn* - Vgl. die vierte Anm. zu S. 74.

Zu dieser Ausgabe

Der Text der Dokumente folgt den angegebenen Quellen wort- und lautgetreu.

Unleserliche bzw. fehlende Passagen sind durch [...?] bzw. [...] gekennzeichnet.

Hinzufügungen der Herausgeber stehen in [ ].

Einfache Unterstreichungen in den Dokumenten sind durch Kursivierung, doppelte Unterstreichungen durch Fettdruck ausgewiesen.

Quellennachweis

Die Originale der Postkarten und Briefe Karl Liebknechts
an seine Kinder befinden sich im Nachlaß Karl Liebknechts
im Russischen Zentrum zur Bewahrung und zum Studium
der Dokumente der neuesten Geschichte in Moskau. Kopien
davon besitzt das Institut für Geschichte der Arbeiterbewegung, Zentrales Parteiarchiv, Berlin.

Robert Liebknecht bewahrt in Paris einige Karten und Briefe
auf, die an ihn gerichtet waren. Kopien sind im Institut für
Geschichte der Arbeiterbewegung, Zentrales Parteiarchiv,
Berlin, vorhanden.

Die Originale der Postkarten Karl Liebknechts an die Nichte
Lotti Liebknecht sind im Besitz der Empfängerin.

Fotos: Institut für Geschichte der Arbeiterbewegung, Bild-
archiv

Illustrationen: Robert Liebknecht, Paris
Porträt Karl Liebknecht (1930)
Öl auf Leinwand, 75 x 59,5 cm
Institut für Geschichte der Arbeiterbewegung, Berlin